許常德

放下之書

揮別過去,讓自己歸零重生;

放下,不是放棄,而是教你學習如何重新開始。

溫柔以對的力量

每一封來信都是紮實的人生經歷換來的，我讀了。謝謝來信者讓我深度閱讀人生陰暗處的真實，並有機會去幫他找條出路，這不僅是得到，還附上了考題，著實是完整的學習，有收穫、有付出……真不是感謝就夠的。

每一封回信，累積多了，也讓我慢慢從中體會了溫柔以對的力量，讓我明白最純潔的心情是不會用對錯看的，因為對錯只會挑起人的怨恨心，溫柔才能讓自己推離怨恨。

溫柔，不是凡事妥協或認命；溫柔，是心平氣和的看人生演變。不管這個變化是怎麼來的，或好或壞的，或委屈或奇蹟，都一再提醒你，這變化都有你史上的一分力氣，多寡都一樣，人生是共扛的。

這些信件來往，有天，也許會停止，但也會變成另一種方式持續……比如我發現很多臉友和我一樣在回信，這個轉折讓我驚喜，因為可以分擔我許多責任，不要只是聽我講。

　　有人寫了上百封信，但我卻沒回半封。這讓我也很放心，表示他有個讓他能持續寫信的去處，這比我回信還更有意義。真正該收信的是自己，真正該回信的也是自己。

　　回信的人，有天終會消失的，這很好，免除人無止境的依賴。依賴是很任性的低檔的愛，只會養成不如願會焦慮難受的習慣。寄信的人最起碼的禮貌，就是不要求一定會收到回信，沒這個體諒，不配收到回信。

　　沒有地址的來信，不只他一人看到的回信，這個隱藏和公開都成就了這個區域的尊嚴與包容。這四本書，希望只是個開始，如果可以，盼永遠繼續，並鼓勵擁有此書的人，看完後，再轉贈他人。

　　感謝，這些年來，我們的集體合作。

序

風景總有遠去的時候

放下，談何容易？

那麼就不放下，會不會比較輕易？

不放下，心就會懸著，如果你能明白這時候的幸福是用辛苦來換的，那麼你就不會覺得自己是苦的，而是覺得自己很幸運，終於用辛苦換得你要的幸福。

會覺得苦的人，都是認為不該苦的，認為幸福本就該得到的。不就是說好的幸福嗎？這樣想的人當然不會覺得吃苦是應該的，是他命苦或被某人害的。

其實每一種幸福的換取方式都不同，你要是不能知足，都要用委屈來看你的人生的話，你就會漸漸只看見你希望落空的部分，你會越來越怨，怨久了，就會形成一股散不去的怨氣，也會失去愛人的能力。

不放下的前提是……你要甘願的拿著。

受盡委屈，還是放不下，那麼，受盡委屈就是這不放下的代價。

即使受到扛起債務與被揍的威脅，還是放不下，那麼，你就沒有權利抱怨任何人，因為那都是你接受了

這個遊戲規則才繼續的。

　　抱怨只是會讓你二度受傷，只是讓你看不到你還可以有其他收穫，你不服，又不放下，這矛盾才是讓你受盡折磨的原因，不全是那個人。

　　來人生一趟，你會經歷很多事，會做很多選擇。選錯了，你會付出一些代價，選對了，你會得到一些報償，但這些收穫與損失，不一定是你原先設定的那些，通常會有意外的收穫的，如果你能平心靜氣的公道想這一切的話。

　　你試著……只看收穫，不要只看那些損失。感情裡的損失，無非就是無愛後的計較，想多了，就會看不見自己的問題，怨久了，就會把問題都歸罪在他身上。

　　愛啊，都是在自導自演，所有的壞，都是在乎的人在寵的；所有的苦，也是為了抓住最後希望去爭取來的……才會那麼苦，還不想放下。明明抓到的只是苦，沒有其他。

　　是的，苦都是自找的。

　　放不下，也許是失去放下的能力，或長期養成了不能放下的習慣。

　　所以，可以把放下的問題提高到放下的能力，要有這種能力，你就必須去了解放下的好處與不放下的壞處。

　　放下，也許是更新你的擁有，也許是減輕某些負擔，也許是改變某種慣性，也許是不要你老是為某人操心，也許是要你的人際關係不偏食、朋友圈大一點，也許要學習離開舒適圈，也許太習慣就等於是怕改變，也許人終究要全都放下……既然最終一定要面對放下，何必讓死逼你放下。

　　當你知道放下不再是你原本恐懼排斥的那種想法，你就會從放下裡找到很強的正面能量，就會很開心的迎接放下的機會，一如放長假去旅行一樣興奮。

　　人啊，都被教導要多負責任，不論你負得起負不起，你都要扛起，尤其是對愛的人和家人。所以有能力的人通常會負最大的責任。這麼不公平的付出，到最後

會演變成負太多責任的人會抱怨，沒有付出的人失去了付出的機會。

付出，不是失去。

放下，不是放棄。

有機會放下是命運給你的涼亭，要你歇歇，看看放下的狀態是什麼？讓誰依賴你的不放下⋯⋯對依賴你的人，是不是一種危險？

中年後，是學習放下的重要時間，再晚，學習力會變差。不要以為放下有多容易，當時你多用力的學習緊緊抓住，現在就必須加倍的學習，才能放得下。放下是觀念，通了觀念，所有的執著就會跟著升級，不再離自己這麼近。

人生如果是列車，風景，總有遠去的時候。

目錄

或許只是過客

在婚姻裡迷途

不依賴的自信

等一個人

不要有目的，最好像便利商店的咖啡廣告，

在寂寞的城市，默默又孤單的關心另一個人。

用陪伴等對方回頭，有機會嗎？

——

問

　　跨國遠距離戀情暫時告一段落。從對方講出「妳沒做錯任何事，而是我突然不知道怎麼愛人」開始，我努力了幾個月不給他壓力，最後仍決定各分東西。

　　經過一段時間的掙扎與沉澱，我還是想繼續陪在對方身邊，希望未來能再次走在一起。目前我們依舊會互動，每隔一兩天就分享生活中有趣的事情，但又會質疑自己給予的情感，會不會讓對方覺得厭煩甚至有壓力，或是只要對方一有動作就急著想回覆。

　　我知道決定單方面付出就不要期待回應，也想過當個稱職的心靈伴侶就好，卻又覺得這樣的互動，我們無法感受對方的存在對自己的真正影響，心情也很容易一再波動。

　　我們才快三十歲，都還算年輕，原本兩個人是往「能生活在一起」的目標而努力，但現在少了這個目標，就算有著還不錯的工作，仍然覺得心裡缺了很重要的一大塊，很想再去抓住些什麼。我的興趣相當廣泛，

也一直盡力去做自己喜歡的事，少了一個興趣相仿、無話不談的夥伴後，就算做了同樣的事情，也無法開心很久，感覺好失望。

我了解只想抓住一個人其實很危險，結果很可能像之前一樣。但我喜歡變化和挑戰不同的事物，沒有目標我真的很難專心或開心的努力下去。不知道能不能找到自己的方法呢？

一

回

挽回，是很難的，難在多一點力道很可能澈底嚇跑他，少一點力道也可能就此被風吹散，而且妳會越來越卑微，卑微到都沒在品嘗愛情，只是恐懼失去。時間久了，就習慣沒有幸福也不重要了。

真正最難的是，當妳一直讓他覺得妳沒有他不行的時候，妳所做的每件事都只是在怕他不高興；妳的小心翼翼會像寵壞孩子的母親，他會慢慢的忘了要珍惜，甚至會覺得他是在幫妳度過痛苦期。

將妳留在他身邊的心意修改一下，單純保留朋友之間的互動關係，給彼此一段期限，如果沒有進展就溫柔的退潮吧，回到有點寂寞的大海，總比擱淺在等待

裡要來得好。

　　其實每顆愛情的心都是一艘小木船，不是繫在誰的身上就是四處漂漂蕩蕩。妳要勇敢，才能往新世界闖，不要浪費時間在一直沒進展的地方上打轉，那只是證明離成功越來越遠。

　　心靈伴侶的世界，講的是心靈在落單時能互相眺望、有心相伴，不一定是要生活在一起。要花那麼多時間等一個重新開始的機會，真的很傻、很浪費。

不是交往，也無法結婚？

—

問

　　我和他認識十二年，起初是因為玩網路交友而相遇，過了一年多才參加網聚見面，開始會私下聊天，半年之後我們交往了，過程中分分合合，也遭遇了許多挫折和考驗，中間包括他恐慌症和憂鬱症發病。分手時，我們各自交往過男女朋友，但因為他的狀況和他愛我的方式，讓我始終放不下、走不開，就這樣斷斷續續在一起至今九年多。

　　他的愛像父親般無條件付出，教會了我很多事，也支持著我，他認為愛不需要條件交換，不見得要永遠在一起。分開期間我看著自己守護的男人為了別人付出，他反而輕易被別人所傷，我的心裡是傷心、難過的。

　　後來他決定不婚、不生孩子，我卻想要結婚、想要有小孩，我們幾次為此爭執不休。今年四月的一次激烈爭吵中，他坦言：「我真的愛過妳，但是現在我不愛妳了。」我傻了。他又說：「只要妳想要再為這段感情努力，我們可以給彼此兩年的時間以結婚為共識

前進，條件是妳要讓我重新愛上妳！」雖然聽到他說不愛了，讓我很難過，但我還是同意分手。

老實說，我沒有勝算也沒有把握讓他再愛上我，我只想找回原本的自己，不論兩年後是結婚或是分手，我都想找回原來的那個我。現在的我們是非男女朋友的親密關係，他說這樣的相處關係對我比較好，我無法理解，雖然我們的相處比以前更輕鬆自在、更親暱。

他常把「未來的事很難說」掛在嘴邊。最近，我們對結婚有不同的看法，我認為「結婚是一個過程，不一定能到最後」，但他認為結婚是一個結果，又說我的個性會把婚姻變成約束，所以他不希望我像我的好朋友們一樣，結了婚才又後悔抱怨。我該怎麼自我進化？他的想法又是什麼呢？

一

回

能不能走到最後，是不是個好結果，誰都不得而知，那只是你們的期望。但回首過去的經歷，你們相處的風風雨雨，不要以為結婚生子就能把目前的狀況掩蓋過去。

所有的困難都來自於你們對愛的更多要求，你們之

間並非沒有愛，是因為有愛才讓這麼不順暢的不愉快持續著。這些困難就如同兩人三腳的遊戲、還要端著滿滿一碗的湯。婚前連要不要生小孩都爭吵不休，若到婚後，你們會用什麼態度面對其他問題？如果你們想要的願望沒有方法達成，卻還要任性的抱怨和後悔，那所有的願望都會變成災難。

想要自我進化，就必須有能力面對真相，真相是想要結婚和生小孩，就要有魅力讓對方心甘情願，就要有方法讓自己很有魅力，不要對方一質疑妳的能力，妳就覺得對方不愛妳。是妳的這種態度嚇到對方，怎麼會像個買不到玩具就要痛哭的孩子？

結婚確實是一個過程，既然妳說不一定能走到最後，那妳又在堅持什麼？既然妳也認為目前非男女朋友的親密關係比以前舒服，為何不好好想想，問題是不是出在男女朋友的關係上？其實擁有男女朋友或夫妻的身分都是很艱難的任務，反而讓妳沒辦法專心在愛情上，要分心去照顧他、懷疑他、盯著他、管著他。

妳要的進化版很簡單，就怕妳做不到，可見妳愛上一個人的癮大過於妳對他的愛。明明現在狀況有好轉，但妳還是留戀之前妳想要的那個天長地久的結婚夢。妳要的哪裡是愛？妳只是要那個傳統好看的表面狀態。

要進化，請好好享受愛，不要只是不安的想要擁有愛的身分。

愛情裡的私心

一

問

　　我是新加坡人，有個很喜歡的女孩，追了她快一年。有很多原因我們沒有在一起，只是變成了好朋友，偶爾聊天、見面，所以我把感情放在心裡面。後來她交了男朋友，我也選擇祝福她，到現在半年了。

　　最近我的好朋友告訴我，女孩的男朋友正在追求另外一個女生，是我好朋友的學妹，大概兩個月了。雖然這不關我的事，但喜歡一個人不就是希望她幸福嗎？我該告訴她這件事嗎？她會不會覺得我只是在說她男朋友的壞話？

　　還是我該自私的為自己想，等女孩自己發現，或者等女孩的男朋友劈腿之後才說，也許女孩分手了，我就有機會跟她在一起了。

一

回

　你說，喜歡一個人不就是希望她幸福嗎？是的。但你認定的幸福不一定是她想要的幸福。如果對方真的要換人了，對她何嘗不是一種好的結果。

　至於你怕她越晚知道越受傷，那麼要看她是哪個點比較脆弱，不是你以為的那種擔心式的關心。愛情，最終不是愛情，而是領悟與學習。想要不一樣的煙火，就必須承受一定會有的黯然。不要以為執著就是深情，是感情太深就會失去理智。

　當然也不是劈腿就要掀開，哪段長遠的關係沒有曲折、沒有柳暗，有可能她也不想知道真相，所以不要剝奪她難得的成長機會。尤其是你跟她說這一切，你的身分只會讓事情變得複雜，你對她最好的關心就是無聲的陪伴，不要跟這件事扯上關係，就算她後來心碎的問你意見，你都要安慰她說：愛情裡的分手，雙方本不就會好受。越不介入，越有讓情緒緩和下來的效果。

　其實，一直一帆風順的愛情才該擔憂，就像一直飄上去的氣球，你們這些不順利的人要知道，順利的不叫愛情，而是穩定關係。

走不出的分手後

——

問

我是女生，也喜歡女生。這次的戀情分手一個月多了。

我們交往快一年，幾乎天天膩在一起，但關係結束前兩個月她就搬回家了。分開之前她工作十分忙碌，我比較不忙卻沒有體諒她還一直吵鬧，那時候已經感受到彼此間的變化，只是我依然故我，後來她受不了就提出分手。

分手時她說：「我怎麼做都達不到妳的要求。我不會為了誰而改變自己，我已經沒那麼喜歡妳了。」大她快十歲的我經常無法安心，所以只想綁緊她，雖然知道是自己造成對方的壓力讓她逃離，卻還是不停鑽牛角尖。

現在每天一醒來就想到她，即使刪除了她的 FB，還是會透過別人的手機偷看。看到她過得很好就很羨慕，她怎麼可以看起來如此開心，而我這樣子是在搞什麼！朋友對我的行為都感到十分厭煩。如此一天過

一天，我卻仍然找不到生活重心調適自己。

一

回

　　愛一個人的旅程，不是分手就結束了，是不以她為重心的時候才結束。就像用餐，是從準備吃什麼開始，怎麼準備餐點、要邀請誰共餐、餐後誰來收拾碗盤、餘味怎麼享受……過程比妳想像的有更多細節，有苦有樂、有累有回味。怎麼在每個步驟體會滋味，這是全套的，妳不能只挑妳覺得美味的部分享用。

　　妳就是個偏食鬼，偏食的特色就是任性和無知，無知會讓人討厭並傷害自己。誰會喜歡一直不滿足的人呢？誰不會被不懂分寸的人傷到？妳要的，不知節制的濫用；妳不要的，就變成抱怨來反擊，這樣的關係誰跟妳都愛不久。

　　當妳很愛對方、而對方快被妳煩死的時候，妳該想想妳換成是她，妳會不會想逃、想揍人？煩是愛的變相暴力，妳的愛沒有落到任何人的心裡，只是在天空飄。但別怕，飄是另一種機會，有可能會落到下一個人的心裡。

　　愛是有期限的，就算妳們一帆風順也是一樣，能讓

自己的愛活著就很可貴。雖然有時風有時雨、有時空有時實在，但這就是愛的四季、愛的全貌。真正的圓滿是滿滿的體會，而不是老在得失的地洞裡慌張期盼。

想要選擇當籠中鳥，或是生存在大自然的叢林裡，這是兩個不同的選擇。人類發明了籠子，讓妳誤以為住進籠子就能高枕無憂，但不久就會發現籠子並不能保護感情世界的紛擾變換。愛任何人，都不要想用籠子框住人，那都是妳對自己的愛毫無信心的證明。

妳哪有失去她，她仍在妳的心裡糾結著，是失不去她，才讓妳苦到現在。

是擔心，還是放不下？

——

問

　　我與前任女朋友交往將近五年，期間兩人沒有什麼無法解決的衝突，只是這段感情並不被我的父母所認同。在分手的時候，我鼓起勇氣向父母表示自己的想法還有堅持，最後得到了他們給我的祝福。

　　當我雀躍的帶著自己認為的喜訊去找她，告訴她我想婚的念頭時，她卻說她交新男友了，是一位年紀長她約八歲的男性。我知道之後仍然不願放棄，想把她給追回來，可是她似乎無動於衷。我該繼續堅持嗎？

　　假如無法挽回，我還是想確定這個男生可不可靠、能不能帶給她幸福。於是我輾轉拜託一位異性友人，以陌生人的身分去搭訕這位男性，對方不但否認自己有女朋友的事實，而且語帶調情。這件事該告訴我的前女友嗎？

一

回

　　如果堅持只是保持現狀的等候，是無意義的，這樣的堅持也只是你想逃避不堅持的痛苦。所以，可以不堅持嗎？可以面對此時的痛苦嗎？此時的痛苦是比較單純的，而且可以讓你在她心中保有比較好的印象。

　　至於她的新男友，除非你對這件事很有把握，否則不要隨意介入，尤其這個時間點的介入，只會讓大家懷疑你的動機。如果你要告訴她，那你就要有不跟她復合的打算，做不到，就表示你不是真的關心她被騙，你只是想藉由這個機會去追回她，那是更複雜的一步棋。

　　放下她和關心她是兩回事，切記。

分手的痛，吃不下也睡不著

—

問

我們生活在美國，雖然沒明講但也有默契未來會論及婚嫁。

一週前，我剛從臺灣待完三週回到美國。我還在臺灣的時候，我們仍然一樣恩愛開心，但下飛機後她忽然向我提出了分手，原因是她想好好準備一個一輩子也許只有這次機會的重要比賽，所以她不能被我影響。於是她搬出了我們的家，住進另一個男人家裡，一個想追她的男人家裡。她告訴我，我誤會她也好、能諒解她也罷，在比賽前她是不會談任何感情的，也不會不去想任何關於這方面的事。

我好痛苦，就像您說的，真正的痛苦是明明放不下卻還要放下，而不是放下本身。我不知道該如何去看待兩人的關係，雖然很不想去在意，可是每天都提不起精神，沒辦法工作也寢食難安，一吃飯就想吐、一睡覺就做惡夢。我已經連續五天都只喝一點東西而已，睡覺也不超過兩小時。我明白再這樣下去不行，但我

實在不曉得我該怎麼樣幫助自己，幫助我們的這段感情。

我還想挽回，但我到底該怎麼做才好？

一

回

想要挽回，就表示你有求於她比較多，如果你想成功，就不該給自己太多的困難。就像參加歌唱比賽一樣，你好不容易連續衛冕了九關，卻在最後一關被打敗，若你感到不甘心，就必須從第一關重新開始。假如此時你不能面對現實、專心投入，那麼你就會被許多自己掌握不了的情緒弄得吃不下、睡不著。

其實這是個很棒的轉折，讓你回到最初追求她的激動，真正的愛情都是在還未確定追到對方前的種種努力過程；追到手之後，那些滋味、那些珍惜、那些在乎，反而強烈褪色。

這時候有另一個追她的男人對你來說更有利，如果你能在她提出需求後遂她所願，你就得到一分；如果她住進追她的男人家你也同意，就表示你是個大器的男人，再加一分。有個這樣的男人刺激你專注追求，那你就會火力全開了。

　　會不會幸福，是看問題出現時你在乎的是失去或獲得；會不會挽回，是看你在她心中累積的是負分還是正分。但結果不是重點，所以不要把挽回看得太重，重點是你有沒有從吃不下飯變得吃得下飯。沒有這種堅強，她怎麼會看上你。

捨不得卻也不甘願

——

問

　　先生外遇，是我的痛……一年前，我發現他與某位我不相識的同事私下來往，這段期間我不穩定的情緒將他一步步的往外推。八月時，我偷翻他的發票，發現他們兩人已經熱戀了。

　　到了十一月，我正式將事情揭開，他認為我侵犯他的隱私，憤怒的掃了我一巴掌，之後便把我當成空氣，言語暴力、摔東西。我還沒有勇氣離婚，所以我忍了下來。而他對於自己的錯誤輕輕放下，只說以後不會這麼做。

　　現在，我開始打理自己，把家事做得更好，兩人相處維持著淡淡的狀態，偶爾他會找麻煩。但我捨不得以前的他，捨不得以前的美好，更不甘願那個她置身事外。面對他違背他曾說過的諾言，我不知如何放下，也不知如何走下一步……

——

回

捨不得是要付出代價的,代價就是失去尊嚴。自由是人的基本尊嚴,很多人為了捍衛尊嚴,不惜犧牲生命,而妳卻犧牲掉尊嚴,去換取捨不得的苟延殘喘。

不過妳仍然可以捨不得,只要妳願意心甘情願的為此付出代價,甘願了妳才會碰到智慧的溫柔,讓妳不被這件事逼成魔鬼。要得到這份溫柔,妳就不能再責怪誰,責怪不僅會讓妳長期內心糾結,還會讓妳和老公的關係緊繃。最重要的是,這樣不會損傷到妳責怪的那個人,甚至還會讓她在妳老公的心中再上一層樓。

妳的問題是,妳選擇了對妳最不利的一條路,這條路冷冰冰的,因為妳放棄了保護自己的底線,放任他用暴力對妳,允許自己被他當成空氣,把自己弄得像奴隸一樣,而奴隸是不配得到什麼的。

老公如今只是無奈的幫妳維持現狀,如果這是妳要的,就請妳做好奴隸的本分,沒有權力抱怨誰、責怪誰,繼續任勞任怨任挨打。沒法心思單純的接納妳選擇的路,妳沒瘋,很可能是妳不知自己已經瘋了。

要當讓小三心生畏懼、讓老公回心轉意的大老婆,若沒有心碎離開的志氣,就要有一點小事就很開心的傻氣。可見在這獨立開明的時代,要當男人外遇後的奴隸,還是要有基本常識的。

三年的舊愛，一個月的新歡？

——

問

我最近遇到了一些問題，想請教老師。

半年前我跟交往三年的男友分手，他可以說是我最愛的人，和他在一起很自在、很快樂，只是以前我們不會溝通，我知道自己太過依賴他，到最後常常爭吵，愛就被我們吵光了，彼此也明白該分開了。

分手之後我們沒有聯絡，直到前幾天，他突然說要拿之前去日本買的東西給我，還要約我也放假的時間拿給我。但他去日本是九月的事情，我們八月就分手了，那時候因為我放不下他，還是很想跟他聯絡，他都說暫時不要。朋友都猜他想回來找我。

問題就在於，上個月我認識了一個男生，相處之後覺得很不錯，現在和對方就像男女朋友一樣往來。可是我曾經放不下、很愛的他突然回來了，對我說他心裡一直有我，去到哪裡都有我們的影子存在，希望我們還是可以保持聯絡，我真的不知道該怎麼辦？

一

回

交往三年的好自在，不一定五年後仍然自在，因為人生每個階段的重心不同，妳懷念的自在或許只適合留在當年。心境不一樣了，同樣的情節，感受就會不同；也就是說那時候的快樂，如今無法複製，人最好能知足常樂，最好能往前走。

新對象和舊對象都有打動妳的地方，妳可以如實的跟舊男友說妳有新對象了，但妳有被他打動，並趁機把妳的擔憂告訴他，看看他會有什麼反應。

這個考題有幾種用意：一是看他會有什麼表情和說法，二是看他會退縮或積極爭取，三是他有沒有智慧處理這複雜的關係，四是他會不會讓妳看到妳最不想看的那一面。問題可以和他一起討論，雖然妳下定不了決心，但很明顯是他比較吸引妳，距離會給情人帶來美感，這是他的優勢。

他說他的心裡一直有妳，失而復得的情人果然特別加分，這確實比還來不及跟妳共創奇蹟的新男友更勝一籌。感情本來就不是求公平，求的是真性情，如果不急，就近看看兩人表現，心情則保持一種欣賞的遠距離，看誰的殷勤更能打動妳。

這是很難得的為情衝動，三人在同時間，火星互相碰撞，很難說結果怎樣，但很可能永生難忘。給點時間觀察，但別太久，選定了之後，全力以赴，痛快去愛。

痛快之後，還是要回到不那麼痛快的日子，如果還是要吵架，回想起痛快，就會更絕望，因為吵架畢竟是愛的諷刺。

不想只是默默陪伴

———

問

想問一個女性友人經歷的問題。

女方一年多前在網路聊天室認識某男，繼而相戀，和男方出門約會，一直都是女方出錢。後來男方變本加厲，找各種藉口跟女方要錢，女方也一心為對方著想，能給多少就給多少。

但後來男方留下一句「我們還是做朋友吧！」就避不見面。女方卻仍痴痴守著，想著自己到底哪裡錯了？盼男方回心轉意。直到數月後，經由共同朋友才得知原來男方劈腿了，而且新女友很有錢。

事到如今，女方對這件事還是耿耿於懷。只要想到就會哭泣，徹夜未眠，並且說好恨他。這件事女方的家人、大多數的朋友都不知情。看她一個人獨自承受了這麼久，我覺得心很疼，也只能陪伴，幫不上忙。

請問是否有什麼方法可以開導她，讓她放下這段感情、放過自己？最後，我想老師也猜到了，沒錯，我很喜歡她。

一

回

　　幫人追女生，重點在追到。

　　首先，你必須先知道你的劣勢有哪些。一是你可能根本不是她的菜，二是她現在正處在愛他的最高渴望點，三是你太急、太笨，四是命運不幫你。也就是說，別懷著一定要成功的用力，不溫柔，愛情就成為特價品。

　　多累積溫暖的記憶，在她面前罵那個爛人，不如陪她想那個爛人。爛人雖爛，但仍有惦記之處，你越能同理心感受她的難受，她才能放下，你也才能和其他一直罵她傻的人有所區分，你才能脫穎而出。

　　她哭，你就鼓勵她好好痛哭，哭完陪她散步回家，兩天後再突然送上手作午餐到她公司，但人不到。不要有目的、不要黏人，最好像便利商店的咖啡廣告，在寂寞的城市，默默又孤單的關心另一個人。

　　很妙的是，緣分讓你們此刻變成同類人，同樣在距離很近的所愛之人面前心慌著，你們一起走著鋼索，很可能落空，但這也是雲端上的奇遇。

　　靜靜呼吸高處上空氣的冰冷，這時的孤獨，都不孤獨，勝過真正在一起後的寂寞。

　　愛情美在，一點一滴累積單純的善意，其他多得的，
都不是你想的那種好東西。

愛我，
為什麼無法接受我的小孩？

———

問

　　我是位離婚還有兩個小孩的爸爸，小孩目前交給外公、外婆帶，前妻則在外地工作，只能久久回來探望小孩幾次。

　　在離婚後，我和大學時代的同學成為了男女朋友，雖然我們彼此很相愛，可是在一起兩年多後我們分手了，原因是她無法接受我的兩個小孩。我一直以為只要她能接受我，便會願意照顧我的小孩，沒想到還是分手收場。

　　分開之後我們仍然有聯絡，因為前女友沒有交往的對象，而且我也一直沒有放棄，於是過了一年多我們又復合了。這次我先問過她，如果她能接受我的小孩，再來跟我在一起，她也答應了。

　　從一開始交往到歷經分合的這段期間，我對她及她家人的付出從未少過，對她們的好大家也看在眼裡，可是最近我們又分手了，原因還是一樣。我不懂我到

底要被傷害幾次？我們明明很相愛，為何她就是要拿小孩當藉口？

　　我是該放棄還是要堅持下去？她家人給她和我的壓力也不小，因為女友的家境並不好，女方之前曾開出一些條件我都答應了，但女友仍擔心我會被她家的狀況拖垮，也怕我以後的經濟能力無法很好。我到底該怎麼辦？

一

回

　　愛你，所以答應接受小孩，但後來又變卦了，這是因為相處久了，很多問題有足夠的時間思考。感情時時刻刻都在變動，尤其你們還要共同抵抗家人的反對。也許是你太不看重這些問題，以為愛可以當靠山，就算壓力變大、就算她接受了孩子，也不代表她和孩子的相處會順利。

　　你的過度用力，也讓這段感情一開始就沒那麼自然，雙方都有所犧牲、也大步退讓。這樣的後遺症很可能累積許多抱怨，等往後產生爭端，心中就會加倍不滿。你現在的怒氣就是這樣的加倍所導致，也就是說你對她是有很多期待的。

　　你期待她視你的孩子為她的孩子，這件事不該勉強，你的用力就是勉強，你才會這麼不甘心。難道你不能理解，如果你有個女兒，你會願意讓她一結婚就扛起兩個孩子的重擔嗎？如果未來她想有自己的孩子，四個孩子對這樁婚姻也是個重大負擔。

　　假如你是為愛而來，那你該滿足了，因為這個人居然用愛讓你拿出那麼多勇敢，不管這勇敢的代價可能讓你過度勞累，並壓垮你的未來。但如果你還要她幫你照顧兩個孩子，你就該隨時體諒她的後悔，這不是你努力就應該得到的。你該給你愛的人基本的體諒，這真的不是可以輕鬆答應的責任。

　　愛她，不要什麼都丟給她。

如何讓受傷的她再次相信愛情？

——

問

如何讓一個受過情傷的女人再一次動心呢？

認識她是去年年底的事，她與前男友分手的原因是她當了第三者。我很用心的開導她，幫助她的傷口慢慢癒合，可是她對感情的信任感已完全破滅，曾說過不知道愛情為何物了，因為她的前男友屢次打電話來要求復合，一再讓她心裡的傷口龜裂。最後令人慶幸的是，我漸漸勸她放手，封鎖前男友的 Line 和電話，她才熬過那段過不堪回首的時光。

現在，我開始追求她，也已經對她告白了。她說希望我能給她多一點時間認識彼此，我也願意放慢腳步，一點一點的讓她了解我。我知道她經常會看您的文章，想請問我該加強什麼地方，好讓她更信任我，並重拾她對愛情的熱度呢？

一

回

　　動心是什麼呢？是輕輕的，還是深深的？是就此永遠了，或只是一時的？

　　其實此時你想要的動心，可能不是因為她，而是為了你的不安全感，感覺她仍未打開心門接受你。

　　當一個人還在情傷階段，想要取代她心中那個難以拋下的人，你必須很有耐心，否則你只是加重她壓力的介入者，這時你的表現都會事倍功半，甚至會惹來反效果，因為急躁時給的愛都是令人難受的。

　　或許可以提醒此時的你已在愛情上了，這時的愛情是比她真正接受你時還要愛情的。你別逼她放掉誰，你反而可以告訴她：你可以陪她想著那個人。如果這一生每個人都會遇上幾個命定的人，這些命定就是讓你去體會的，而不是更換或埋怨。只有如此同理心的靜靜又慢慢陪著她，才可能讓她從那個人的深淵裡看到遠遠的、那顆星的你。

　　要她重拾愛情的熱度，不能只局限她對你而已，否則你的關心都只是在逼她趕快接受你的愛的壓力。

好朋友的位置

——

問

　　這兩年之間，我跟一位認識七年的朋友成了無話不談的好友，會一起說著以後的夢想和目標，分享生活的瑣事。我們都是自己在外面住，幾乎天天見面，一起吃晚餐、互相幫忙。我有她家的鑰匙，常常上去幫她打掃整理，我對她就好像對自己家人一樣，會把最好的都留給她。

　　最近半年，我們發生了情侶會做的事，一開始是她主動的，這樣的關係持續了大概三個月，自己也因此對她有了感覺。於是我向她告白，想要認真的面對這段感情。她回答我，雖然她也對我有感覺，但並沒有把我們的關係定義成情侶，就只是朋友而已，她說大家之後還是退一步，回到好朋友的位置。

　　我心想勉強她也沒用，所以就答應了。從這之後，我們不會再每天見面或傳簡訊、講電話了，她開始嫌我煩，說沒事不要打擾她，連一般的關心也沒有，每次回訊息都只有一兩個字，不然就是已讀不回，每次

約她都說很忙沒時間。

我很看重這段友情，也不想失去這位朋友，我只想回到曾經的好朋友的位置，卻不知道該如何繼續走下去？

一

回

好朋友是什麼樣的位置呢？像公車裡的博愛座嗎？永遠留一個空位給想歇歇腳的她嗎？

也許是因為她有事心煩，也許她就是突然對你沒感覺了，不管是哪個也許，既然你已感覺她在嫌你了，千萬不要在不耐煩的人面前推銷什麼。這時候對你很不利，少做少說少錯，當個識相的陪伴者最好。

感情本就是瞬息萬變，是人喜歡把幸福製成標本，因為知道太不可得，於是貪婪心起，在很多地方設下陷阱，企圖把野生動物變成家禽，試著從享有轉移成占有。這麼大的轉變，人怎麼不會改變？

你是個很溫和的人，這麼難受也沒有什麼苛責。你可以責怪她不清不楚、說變就變，好像男人的心就該被漠視脆弱的可能。你能這麼柔軟是你的幸運，這樣才不會被愛不到傷到，有時候做朋友比做情人好，有

時候做過朋友就好。

　　人生很長，會遇到很多人、去很多地方，每隔幾站也許就會有難捨分開的人。但人生的感動是在遺憾裡找到的，不能欣賞遺憾是很大的損失，那時的美，美在你要到一點點什麼，就足以讓你幸福一整天。

　　你不會失去她，人是因為在乎而擁有一個人，你現在正是擁有的時候，等你不愛了，你就會失去了。

單獨見面算是喜歡嗎？

小弟是位十九歲的學生，有位學妹與我相識一年半，算是網友，現實中因為家住附近的關係，有巧遇過兩次，但從未真正約會過。我們以臉書和 Line 的真誠聊天維持了一年多的聯繫，途中經歷過許多風雨，最後她用行動證明了我在她的人生中有著不可取代的地位。

最近，她主動向我提起要約出來一起讀書，常跟我分享她的許多心事，也說要當我的傾訴對象。有次我無意間在她朋友的相片中發現，她跟她們班上某一位男生單獨約會，便問她：「妳現在有沒有其他可靠或能讓妳快樂的男生？有的話我要讓給他，對方會讓妳更幸福的。我可能不夠好。」但她否認了，還說現在沒有喜歡的男生，並安慰我別想太多。

這週我又發現她與對方單獨吃飯的照片，請問我該相信她說的話嗎？眼看我們約會的日子已近在咫尺，我想知道，女生會跟同班的男生同學感情好到經常單

獨約會嗎？

一

回

　　如果她已用行動證明過你在她的人生中有著不可取代的地位，為何你的心還不能平靜？可見愛上一個人的信任是隨時備受考驗的，考驗著你的猜疑心，考驗著你的寂寞感。

　　但對於一個見面次數不多的青春之戀，這夢幻會增強、這摩擦會減少，因為你們都太年輕，都可能經驗不足而胡思亂想、魯莽碰撞，所以這個距離是老天很好的安排。畢竟此階段的求學是你們的重點，否則你們一旦什麼都嘗試了，你們要面對的問題就不會只是這麼小兒科的幻影，可能是很現實的：比如爭吵、比如退學、比如懷孕。

　　人的前三次戀愛都是天使戀愛，讓你學習愛的味道、愛的狀態、愛的可能，但你若把這個機會想成天長地久的征服，那愛就會被擁有取代，你就會把愛她的時間拿來猜疑她，你就會把愛她的狀態變成難受的狀態，你就會把愛她的可能壓縮成只有怨她的執著，這都是你想獨占她引起的。

　　你説你有問她：「妳現在有沒有其他可靠或能讓妳快樂的男生？有的話我要讓給他，對方會讓妳更幸福的。我可能不夠好。」這話説得很小心也很有技巧。你開始學會了壓抑真感受，並運用了示弱來前進。愛哪需要那麼慷慨？愛需要的是真啊！

　　當她回你沒有男友時，你卻仍繼續觀察她和別的男生的互動。難道和男生單獨出去就是約會嗎？難道她在這個年紀面對多位男生的追求都要婉拒嗎？如果你的心已焦慮到以上都要在你掌控中，那你就要有足夠的魅力吸引她，而且要持續有魅力。

　　以前的戀愛和婚姻，強調的是獨占和永久在一起；現在的戀愛和婚姻，流行的是享有和滿足在一起。買了房子，不一定擁有保護，是有了保護，才感受到家的溫暖。

　　不要愛還沒見識到，就急著捕捉愛、獨占愛。

只要努力，就能堅定不移嗎？

——

問

　　我跟女朋友分開了，因為前男友的影子還留在她心中。

　　雖然我們很相愛，但這份愛卻不夠踏實……我該如何看待這段感情？該繼續努力下去、奮不顧身的愛她嗎？

一

回

　　越堅定的心，越會懷疑，因為這個堅定是人為的，而不是愛已經到了堅定的地步。

　　有些人談起愛就會很用力，以為人定勝天，其實只是想把柔軟多變的愛固定成水泥塊，所以任何風吹草動都會影響你們的關係，更何況是沒有面孔的影子。

　　愛就是這麼脆弱，愛就是這麼容易被介入，愛不是奮鬥就會成功。愛就是一場欲望和夢想聯手的大實驗，看能不能長出一朵不會不甘心的花朵。

外在條件勝過多年感情？

問

　　我和男朋友愛情長跑多年，我是他的初戀，他十分愛我，所以離不開我。不過他喜歡大胸部的女生，我的胸部卻是平的、就像沒有發育一樣，我們在一起沒多久就發生關係，如果胸部大小會影響他和我交往的意願，那我們早就分開了。

　　但是隨著時間過去，我感覺愛情慢慢不見了，加上中間發生過太多開心和不開心的事情，他不再愛我那麼深，還曾經對我說過想要女人。我擔心會不會因為胸部的關係，讓他選擇跟別的女生在一起？為了滿足他的需要，我是不是應該去隆乳？

　　以前我們是同居，現在我們是遠距離戀愛，見面的時候我都會想找他做那件事情，他好幾次都說太累了拒絕我，讓我很受傷。我對他說，如果見面沒有做那件事情我會心情不好，可是他覺得那件事情應該順其自然，被當成既定行程他會有壓力、無法投入。

　　我曾經問過他：「你會因為我的胸部和我分手嗎？」

他說平常不會，但吵架的時候會想到胸部的問題。他不介意假的胸部，也說過要是能增加我的自信，我自己想隆就去隆。

　　老師，如果我無法給他一個大胸部的女友，我是不是該放手？如果男人和平胸的初戀結婚，會不會因為這輩子都沒摸過大胸部而感到可惜？甚至因此去外面偷吃或想離婚？男生看重感情會大於胸部嗎？如果我自己是男生，我也喜歡大胸部……

一

回

　　如果問題真的只是胸部太小，那妳該很慶幸活在現代，這時代隆乳太普遍，只要妳不貪小便宜亂找來路不明的診所，隆乳能解決的事，算是小事。

　　但有可能不是隆乳的問題，是妳太害怕失去他的問題，太害怕失去，就會時時洩露出緊張的情緒，妳就會做刻意討好對方的事情，久了妳就會很假，妳就會沒有自己。當初他愛的可是妳，但妳卻把自己給消滅了，妳說妳要他去愛誰？

　　妳說過的話，彌補的效果不大，不如痛下決心改變自己。妳若不能在短時間內做出讓他刮目相看的改變，

妳不僅會失去他，還會為不知怎麼承受這個結束而痛徹心扉。這個改變就是對妳的男友說：如果你們未來六個月內還是處不好，你們不如分手吧！妳不希望你們都在壓力很大的狀況下見面，妳抓不到他要什麼，他消受不起妳給他的。

妳就這麼想，萬一失敗了，妳要有放下的能力。真的愛一個人，有可能是因為大胸部；但長久愛一個人，大胸部就不會是關鍵問題。不要過度猜測大胸部的字面後有什麼羞辱，是妳不能沒有他不行，妳要愛自己大於愛他，妳才會有魅力，並不易被他的無情傷到。他走了，會有其他人進來的。

改寫文章難，不如重寫。不如啊，看看他有什麼跟平胸一樣可以鄙視的缺點。

無法真心祝福前任？

問

現在的我充滿疑惑。

和女朋友分手三個月了，我們說好不斷了聯絡，所以我們一直保持聯繫，但僅限於普通朋友的關心，因為她目前有新的交往對象。

我的心境一路從分手的錯愕、怨懟、極端想消失，到現在偶有的平淡。我不知道這樣的心情是什麼？我還是很喜歡她、很想重回過去的生活，但我也知道一旦分開後，她已經不再是過去的她了。

說好祝福她目前的新戀情，卻又無法完全誠心誠意的祝福。我不知道自己對她到底是什麼樣的感情？請老師幫忙解惑。

一

回

　　是餘味，是又到了一個人幻想著愛情的狀態。沒有
她的干擾，你的寂寞也變得純粹，也沒像交往時那種
混濁的沉重。

　　感情，是不擁有的時候，比較清澈、比較真實。

或許只是過客

所有離開你的人都是要下車的旅客，

他們都是特意來扮演跟你同行的人。

第三者，等得到未來嗎？

—

問

　　我是一個第三者。第三者的處境與心情，大家應該都知道，但每個第三者都有著不一樣的心路歷程。

　　我的他，早已和老婆過著貌合神離的日子。他答應過我要離婚，可是他的老婆為了小孩，說什麼都不肯離，所以他在家裡只能當個啞巴，該做的事還是會做，家裡開銷、房貸等等也都是他在付。他不會主動和老婆互動，假日也鮮少帶他們出遊，我覺得這樣對孩子並不好。

　　可能很多人會覺得這種想法很自私，不過我相信身為第三者都有這樣的疑惑：為了小孩，真的可以維持一個沒有愛的家庭嗎？老婆不願意離婚，就真的一點辦法都沒有了嗎？為什麼男人不能勇敢果決一點，快速結束空殼般的婚姻？如果小孩跟著他，我也願意幫他帶啊！

　　之前看了您的一篇回答，裡面提到：「你們的問題是許多摩擦累積出來的，不要簡化成外遇問題。」他

們之間也有很多問題，而我是引爆點。我真的好想把您的文章給他老婆看，讓他老婆知道綁著一個不愛她的男人，只是讓兩個人都痛苦而已。

但，問題來了，這些都是我自己憑空想的，雖然我相信他不會騙我，我相信他是認真的想跟我有未來，也相信他說不愛她了、只是想離卻沒辦法離。可是離婚真有這麼難嗎？如果你真的非常想離開，不是應該一天都待不下去了嗎？為什麼在談判過後，到現在還維持了快一年的時間？

對不起，以上全都是第三者角度的言論，可能有人看了會不舒服，但我真的好想好想知道我該不該等下去？我們目前是處於沒有聯絡的狀態，這一次分手是在他否定過去的承諾、否定我們的未來、並叫我再找一個更好的人之下結束。或許是因為他現在無法離婚，才說這種話想讓我死心。

不過，我不相信沒有愛、甚至沒有性的婚姻能夠維持多久，所以我想要等，只是這一等，真的不曉得要等到何時？目前的我也接受不了別人，他還是占據著我心裡的位子，根本容不下別人！雖然想未來的事一點用都沒有，但我好想知道我現在該怎麼辦？該從哪裡解套？

一

回

他們再貌合神離，都不等於你們可以在一起，這是很多小三的迷思。

想想他們當初在一起的時候，可能也有個前女友，可能也像你們現在如此難分難捨，甚至還結婚了，但最後仍走到了貌合神離。也就是說就算你們有機會結婚，還是可能走到貌合神離。

離婚本來就比結婚困難又複雜，而且離婚時談的條件都不是在談愛，談的是現實的條件和不甘心的回擊。至於離婚對孩子好不好，這跟婚姻無關，是跟兩人要不要繼續攻擊對方有關。

妳沒有孩子，所以妳以為別人願意把孩子交給妳帶；妳沒有結婚，所以妳以為結了婚就是他愛妳最終的大證明。他們都沒有愛了，為何還在一起？可見除了愛情，他們還有更具價值的其他東西，這其他可能是兩人一路走過來的、風風雨雨的努力痕跡。

妳問該不該等，其實等是沒有意義的，愛情和妳要的婚姻不是用等的，等一個可能會變卦的承諾，還是等一個奇蹟？等一個落點，還是等一場魔戒戰役的開始？等都是還在上癮中的人的焦慮，表示明知不可得

卻還想要得。

　　小三最老派的地方就是等，不知道自己已經要到了
最重要的愛情，還要伸手去拿充滿魔咒的畫皮，可見
這一步的貪心會讓妳失去妳手中的愛情。

不能乾脆放手嗎？

——

問

　　我和男友交往八年，一直住在一起，今年我二十八歲，他也三十七歲了。但是我對結婚心存恐懼，所以暫時不想結婚。有一天，他突然以我不想結婚為理由，要我搬出去好好想清楚，而我也同意了。

　　後來我才發現，其實在我搬出去之前就有第三者出現，他剛好拿結婚這件事當藉口和我分開，第三者也從一開始的無辜模樣，到被我捉姦在床後變得氣勢凌人。

　　我本來想好好祝福他們，但是他們在一起後，男生不停的私下來找我，說他還是很想我、很愛我，希望我原諒他。可是提到要他和那個女生分手，他卻總說需要一點時間，也只會趁她不在時才跟我聯絡，那個女生在時，對我的訊息電話就完全不理會。

　　其實我心裡也很明白，但就是覺得很痛苦，我好像默默變成別人的小三了。我不斷的對他說：「你們好好過，我祝福你們。」可他就是要說他很想我、愛我，

我也總是見了面就心軟⋯⋯男人的這種心態是什麼？
我真的不懂，為什麼一定要這樣做呢？

一

回

　不管男人跟妳分手的真正理由是什麼，分手才是主
角，理由只是臨時演員。當妳找到的不是妳想要的那
個理由時，妳就會有受騙的感覺，受騙後就是一條糾
纏不清的路。妳是要他道歉呢？還是要他還妳一個公
道？道歉之後，妳就能理性放手嗎？還是跟他一樣軟
弱又捨不得放下？

　其實妳和他是同類的軟弱者，你們都不適合婚姻。
因為要一起走進婚姻的人沒有共識要怎麼走，他想結
婚可妳還沒準備好，他有新歡卻又放不下妳，你們都
有各自的搖擺，但也習慣了有這個伴。

　先別談他了，或許今日的狀況可以有另個假設，假
設這件事是在婚後發生，是不是更恐怖呢？妳要慶幸
妳只是隔岸觀火，妳只要轉身離去即可。不要答應分
手了，妳還留在原地抱怨。妳的心態是什麼，比他的
心態是什麼還重要。而且要記得，妳現在是單身，跟
一個不知道自己要什麼的男人，還能爭到什麼呢？

被欺騙成了小三，我不甘心

——

問

　　我和他是同事，共事一年後才開始交往，我以為自己已足夠了解他。交往期間，他從不讓我去他家，後來我離職了，更時常找不到人，但他總有一套理由來搪塞我，怪我懷疑他，之後就完全避不見面。今年過年期間，他用一封訊息和我分手後就再也沒有消息。我曾想過去公司找他，但顧慮到自己的面子，最後選擇獨自默默消化這分手的難過。

　　殊不知就在分手一個多月後，有個女人突然加我Line，原來是他結婚多年的老婆，對方說她也被蒙在鼓裡。原來這段感情從開始到結束都是假的，他所說的承諾也都是謊言，原來交往時我自責的那些問題，根本不是我的錯，一切都是他的問題。我心中的難受，已經不是單方面被分手的情緒，而是被欺騙如此久的難過。

　　後來他們才公開他們結婚的消息，我卻手賤的看了他老婆的臉書，對方當做沒發生過任何事情般的狂晒

恩愛，再看到彼此重疊的那段期間，心情更是難過，只好怪自己傻，當初太相信他說的話。現在，我只能告訴自己會過去的，時間會帶走一切，可是老師，這就是每次失戀的最後答案嗎？

像這樣的感情，不知道是失戀還是被詐騙，莫名其妙的成為小三，分手後他依然回歸他的家庭，老婆原諒了他，而我卻像從來不曾存在過，真的不甘心。

一

回

當妳用失去的角度去看這段感情時，就會只看到被騙與沒有實現的未來，妳會用不甘心的態度來折磨自己，因為妳修理不了他。就像妳花了很多錢去高檔餐廳用餐，因為付出太多所以斤斤計較，計較到只看得到百分之十不滿意的部分，對於百分之九十的滿意完全體會不到。是這觀點讓妳一直糾結著，不一定是他。

婚姻是個難度高、期限長、考驗重的制度，大家在這麼複雜的關係裡很容易作假，因此她的太太會在臉書用晒恩愛的方式奪回丈夫，所以他會用妳愛聽的承諾來綁住你們的愛情，所以妳會使勁的壓抑妳對他的懷疑，這些都是為了擁有而作假，不是為了愛。

　　既然愛情是如此令人迷亂，婚姻是如此令人難以安心，妳就該學著用體諒的心情去閱讀，讀更深一層的愛意，明白緣分總不能面面俱到，清楚人性會為欲望而貪婪。

　　用欣賞的方式再看看他，看他取悅過妳什麼，看他脆弱過什麼，看他最終還是做了對你們三人都好的選擇，看他沒有再霸占妳往後的時光。好好跟他道別，謝謝他冒險來跟妳談一場戀愛。

　　只有滿足才能寬心放下，不要只是看傷痕，那是不想放手的人的心態，不要變成那種人。

身為企業接班人，
連擇偶的權利也無？

———

問

老師您好，我和我女朋友都很喜歡您對感情的見解。

我跟她相差七歲，我二十八歲、她三十五歲，目前交往快半年了。一開始當朋友時，兩人剛好都碰上感情的挫折，也因為老師的文章，讓我們能相互扶持並走出各自的難關，也很不小心的愛上了彼此。

我是家中長子，家裡是家族企業，有接棒的壓力，爸媽的觀念也非常傳統。我女友則是一般家庭，爸媽離異，雙方家庭的背景懸殊。當初決定在一起時，我們一直謹記老師所說的，要享受純粹的愛情，不要有束縛和壓力，不要被老一輩的觀念所綁住。但知道是一回事，實際做起來卻好困難，畢竟她大我七歲，我的爸媽無法接受。

我們之間有共識，不管彼此再怎麼相愛，遲早有一天還是會因為這些狗屁倒灶的原因而分開。現在糾結的點在於，我們不知道該如何分開，該在何時結束，

因為我們並不想分手，可是繼續下去對她並不公平，而她也不想耽誤我。

希望能早日得到老師的回信，謝謝。

一

回

家族企業不是指企業，它是一種歷史悠久的文化，用親情做包裝，實質卻是一場現實又醜陋的權力轉移，不在乎現代企業傳賢不傳子的趨勢，不知道這樣家傳的觀念是對企業的未來不利，也是對員工的不負責任。企業家該有的社會責任，就是為員工做最有利的判斷，不該像以前的企業家那樣自覺是皇帝，想多自私自利、多無理都可以。

在這樣的家庭長大的孩子很辛苦，看似擁有很多，其實是什麼都被決定好的棋子，尤其是長子，扛的都是父母自以為是的期望，被剝奪的是自己白手起家的機會。生命的經驗最怕就是組合好的那種，非常表面又不真實，一旦父母垮臺，一點抵抗力都沒有。

這樣的婚姻不易真實，只有身在其中的人，才知寧願窮死，也不要連選擇伴侶的權力都沒有。你能替女方踩煞車，代表你對女方有良心，因為此時的女方會

放不下，因為外人很難理解生在這種家庭有多少事是不可抗拒。

　　至於什麼時候分手好，越快越好，分手時記得送一份讓她超開心的大禮，千萬別小氣。

愛我的他和我愛的他

—

問

　　我在非常年輕的時候，遇到一位極為愛慕的人，他後來也成了我初戀的對象，但因為某個原因而痛苦分手。當時我心高氣傲，也決定要讓自己過得更幸福，所以嫁給了很愛我的先生，斷絕與前男友的一切聯繫。

　　女兒出生後，先生卻罹患了憂鬱症，經常無法工作，回到家也關在房間足不出戶。家人勸我離婚，但我怎麼能拋棄一個病人，令女兒失去父親。那時我已做好最壞的打算，要自己獨立撐起這個家。

　　五年後，我的前男友聯繫上我，說他尋找我好多年了。他知道我已經結婚，一開始也只是網路上互相關心，後來假日會帶我和女兒出去玩。最後的結果老師應該也猜得到，我們原本就思念對方很久了，怎麼能不乾柴烈火、一觸即發？

　　前男友向我求婚，承諾會照顧我的女兒，他的經濟狀況也很好。但我先生真的很愛我，加上他身體不好，很可能承受不了。老師會建議我怎麼選擇呢？

一

回

　　確實很令人心動，尤其在多年以後的重逢，時間的朦朧，現實的對比。

　　如果想要兩者兼得，你們就要偷偷的來往；如果想要選擇，妳就必須有能力讓老公舒坦放下，否則妳會帶著罪惡感離開，妳的女兒也可能因此怪罪妳。

　　當初妳選擇一位很愛妳的人，如今妳又想選擇一個妳很愛的人，或許妳盤算過，如果妳的老公能讓妳離婚，相信妳是願意好好照顧他的，但妳敢提出這樣的要求嗎？

　　其實，愛可以分為擁有和享有兩種，擁有裡的愛是責任和義務種出的果實，享有裡的愛是幻想與浪漫編織的翅膀；一個在土地、一個在天際，少了哪一邊都是遺憾，渴望哪一邊都會感傷，這就是妳當初選擇他或他的狀況。

　　到底婚姻是踏實好還是飛翔好？這位讓妳踏實了好多年的老公，也許在這位突然從天上下凡的前男友的襯托下顯得黯淡，但誰的人生沒有黑暗期，就像他在妳最黯淡的時候實現了妳當初的願望，妳的徬徨也代表妳在乎他的感受。不用羞愧或罪惡，愛情真的太美

了，如果妳真那麼絕情，這封信就不會寄到我這裡。

　　我不會建議妳如何選擇，妳的幸運是兩個男人都對妳很好，不要傷到兩方的最好方式，也許就是放下選擇，不要再用比較法去選擇妳的愛，而是妳要有自信不用擁有什麼關係才得到什麼，把價值建立在自己身上。愛的滿足都是要用時間來釀成的，沒有妳老公多年的相伴，妳的前男友或許在當初就跟妳撕破臉了。

　　也就是說，妳和前男友目前的激情，也是要多年後才會知道是什麼滋味。

二十年的前男友，是緣分嗎？

——

問

分手了二十年的男友，前陣子在臉書上找到我。自分開後我們不曾再聯絡過，兩人也都沒再結交異性朋友。網路相遇，原本只是老朋友寒暄，但在他近半個月來的熱絡傳訊下，我心動了，可是當我回應他的感情後，他反而變得想疏遠我。請問老師，他到底在想什麼呢？

現在的我好痛苦，因為我陷進去了，他卻只想抽離。有時候他會說我們就像老夫老妻，有時候卻連陌生人都不如，過年長假連朋友之間的拜年都沒有。重逢後，舉凡七夕、他的生日、我的生日、聖誕、跨年、農曆年和情人節，什麼值得紀念的節日都過去了，我們不僅從未一起度過，他也像是陌生人般，一則轉傳的節日祝福也無。

最近他傳訊給我，說他得盡孝道，要專心去照顧老媽媽。這是什麼意思？以為用冠冕堂皇的理由就可以甩掉我嗎？請問我是否該轉身走開，不要再留戀珍惜

這又一次的緣分呢？一切都這麼明顯了，我該死心了，
對吧？

一

回

　　愛的旅途是充滿多少的未知啊！但妳卻如此執著的
相信一種未來。於是他一有變化，妳就失去轉身的能
力，這才是問題的所在，才是讓妳陷於迷失的主謀。

　　其實妳並不是不知道感情是瞬息萬變的，妳也明白
這二十年累積了不少妳不認識的他，就算他不是真的
要照顧媽媽，妳不也了解他這麼懦弱的一面。還是，
妳必須承認妳是盲目的在賭這一次，即使對方把結束
處理得如此不坦誠、不成熟也不在乎。

　　當然要放下他。愛可以勉強嗎？妳的未來可以如此
不顧嗎？把自己推向一個嚇死人的渴望，這是病狀，
是很多急著想結婚的人的病症，不是愛。所以這個突
然冒出來的二十年前的前男友，是來提醒妳這件事的，
任務完就要離開。別怪他，他沒有占了妳什麼好處，
是吧？

能輕易捨棄，就是不愛我了嗎？

──

問

我有一個幸福的家庭，一直都過得很好。直到去年，一個小我十歲的單身同事主動接近我、對我噓寒問暖，慢慢的我竟也心動了，後來真的愛上了他。在一起的期間，他對我的憐惜與疼愛，我都感受得到，但我總覺得那不是愛，只是因為他正好需要一個人陪伴。

今年初他要離職，由於婚外情的壓力、對老公的愧疚，以及害怕他在離職後會改變，我便提出想在兩人仍相愛的時候分手，至少能留下美好的回憶。他不肯答應，一直告訴我他會努力維持，他是用心愛著我，即使我們沒有結果也沒關係。可是當我被他說服了之後，離職隔天他竟不願意再見面，說他決定在我的家庭受到傷害前分手。我真的措手不及，無法接受，前一天還努力說服我、說永遠不會離開我的他，第二天就說不要我了。

我認為他不是真的愛我，才會在不需要我之後就輕易捨棄，過去的一切只是我一廂情願，這樣的想法讓

我好痛苦。想起他過去的好，真不願相信那樣的美好是假的，我也在猜測他到底愛與不愛的疑惑中掙扎，所以這幾個月我們還有聯繫，只要我傳訊息他就會回，回覆時他也總是解釋他不是不愛、只是不能，但他從未主動傳訊息給我，都是我找他。這樣看似有情卻又無情的態度，真的讓我很受傷，我覺得自己愛得好卑微……

我恨他當初說得有多愛，卻可以無情捨棄、毫不留戀；也氣他現在的態度，明明不要了，又一再要解釋他不是不愛，讓我好難放手。我清楚不該再保持聯絡，又忍不住一直傳訊息給他，連尊嚴都沒了。

老師，您的文章我一遍又一遍的讀著，要自己放下，但是真的好難好難，您可以幫幫我嗎？

一

回

這是一趟意外的旅程，他和妳的身分都是可以不必蹚這攤愛情渾水的人。一個美滿的家庭，一個正要闖盪的青春，你們能如此俐落的分手，是幸運的，是被祝福的。

妳不必知道他為何會突然從黏著妳變成離開妳的原

因，祕密就是愛情的浪漫。既然妳能從壞處去想，想他如此狠心、如此變臉，何不想想另一種可能？有高人如我者夜半在臉書上得到某人的啟發，要他別再任性了，能於在乎時分手、想留下美好的人一定是勇敢的好情人，因為他怕你們之間的回憶變得不堪，於是長痛不如短痛，反正愛情久了總要回到現實⋯⋯妳說有無可能？選擇這種可能，是跟妳想趁美好時分手的概念是相同的。

總之，這個情人要走了，愛情假期雖然結束，妳仍可處在朋友的關係裡理性互動。他的冷靜也許對此刻的妳而言太過冰冷，但他是在守護妳，一個絕情的混蛋是無須再與妳有任何聯繫的。

慢慢的，你們會漸漸沒了對話，不是沒了感情，是沒了熱情。妳痛到不行的那些美好其實沒那麼美好，成分不過是是貪心任性添加後的假執著，妳就是不甘心失去原本抱在懷裡的溫暖，妳沒想到這個弟弟有妳給不了的前程，就讓他安心的去闖吧！如果他是妳的孩子，妳會這麼做的。

結束的痛苦極可能是種病態，寧願僵持著，也不願片刻放過自己。

捨不得最愛的人走

—

問

　　三年前，我因離婚得了憂鬱症送進療養院，好不容易走出來，今天卻又去看了心理醫生，因為我九十歲的阿嬤在四月底送急診後，確定是癌症末期、已經擴散轉移……

　　剛開始知道時，我難過得三天都吃不太下東西，但是進病房看阿嬤，還是會擦乾眼淚像平常一樣笑笑的。我是阿嬤從小帶大的，她對我來說比親生媽媽還親，我想問，活著的人該如何陪她面對人生最後的路途？

　　朋友教我要慢慢學習放下、放手，我沒辦法，我捨不得讓最愛的人走，又很矛盾的不希望她痛太久，因為阿嬤的腳一輕輕碰到就會痛，現在都需要靠嗎啡止痛，每次幫她翻身她都很痛，我的心也好痛。

　　阿嬤都還記得我們誰是誰，只是藥效有時會讓她忘記、有時會讓她時空錯亂，常常回到我們還小的時候。她清醒時會說：「我要回去了，我要回鄉下老家。」聽了讓人好不捨、心好痛，不知道該怎麼安慰她。

我不希望那一天到來，但是我明白，即使沒有這場病，那一天還是會到來，只是我怕自己沒有堅強的力量面對，怕那一天來的時候我會再度崩潰憂鬱……

一

回

捨不得是一種負面情緒，這種態度就像去百貨公司看到玩具不買不行的小孩一樣，又吵又鬧甚至還在地上滾，這種自私的心情是不會想家裡有沒有能力負擔，也不管會不會製造其他消費者的困擾。

妳的情況就是這個小孩，妳只想著阿嬤不要離開妳，但她的人生任務已經完成。

所有的人生旅途，一如妳的離婚，不是要妳不捨那段婚姻，不是要妳去想妳在那段婚姻裡付出多少，不是要妳去怨嘆得失，是一直不能好好在一起的婚姻終於有句點了，這是好事，妳卻想成壞事。因為妳跟誰在一起都是像中毒癮一般，妳只會一直要，不能停，也沒同理心想想對方的想法。

阿嬤要走了，這次阿嬤要教妳最後一堂課，就是滿足。阿嬤給妳如母親的愛是要讓妳獨立，不是要妳依賴的，她在最後一段時間能失去記憶是她的福分，不

要自私的搶救和不捨。堅強的力量來自知足和感恩，不是去憂傷、去抱怨。

　　面對那一天的到來，請歡喜的送別，那是開心的日子。阿嬤和妳的前夫和所有離開妳的人，都是要下車的旅客，你們共同經歷一些事，他們都是特意來扮演跟妳同行的人，都是演員，都是電影人生。

兩個他，我都想擁有

——

問

A 追求我時，就知道我有男友，而心性不定的我縱使已有男友，還是跟 A 交往了，他們兩個都是很棒的男人。

跟 A 在一起時，我常必須用電話向男友報備，或是男友有事時就必須對 A 爽約，A 一直知道男友的分量比他重，暗自傷心卻仍然願意在旁邊陪著我。後來在現實面的考量下，我選擇跟男友結婚，這件事對 A 的打擊很大，A 說他痛苦失眠了一年，但是 A 太愛我只好默默接受，而我也沒有跟 A 分手。

剛結婚時，我的重心完全在先生及夫家上，因此經常忽略 A，覺得婚後還要每個月跟 A 約會很煩、也很有壓力，常吵著要跟 A 斷乾淨，卻又因為不捨而無法真正分手。

由於新婚的幸福加上對 A 的虧欠，我希望 A 也能趕快交個女友，能跟我一樣幸福，有自己的人生伴侶，好幾次甚至為了 A 不外出社交而大吵。我有著天真的

想法：是我對不起 A，如果有女生願意陪他，我會比較寬心，也更願意繼續每個月跟 A 約會。

當然，我內心也非常自責，原本有信心能當個好妻子的我，竟然一直背叛我的先生，先生沒有錯也沒有問題，只是我們性生活方面沒有很協調，跟 A 卻非常協調；還有多了對方的家庭要照顧、要社交，覺得疲憊。

婚後因為身分的關係，A 不能主動找我，都是我有空才找 A，對於我的邀約，A 總是期待又興奮。近日，A 終於成功認識了心儀的對象，A 告訴我時，當下我是真心祝福大於嫉妒的。但是當我有空找 A 時，A 卻要跟女友約會而拒絕我，讓我非常不能接受，我知道這很自私。

我開始抓狂、吃醋，不甘心的跟 A 大吵，也覺得自己越來越愛 A、不想離開 A，更後悔當初沒有選擇 A。A 說：「是妳要我去找個女友，我有了新對象，妳卻無理取鬧。」還說：「不要怪我，我一直都希望妳能選擇我，是妳先選擇別人不要我的。」現在跟 A 約會，我必須忍受他和女友通電話、傳簡訊，我若抗議，A 便會說：「我當初也是一樣痛苦，一樣替妳考慮、讓妳方便，妳也要體諒我。」

老師，這是一篇討罵文，我知道都是我的錯，也知

道解決方式就是趕快跟 A 分手。但如果這麼容易做到，我今天就不會向您求助了，請您罵醒我吧！

一

回

　　妳很幸運，有兩位很溫柔又懂得尊重妳的男人為妳開啟一趟情欲之旅。旅途上妳一直飽覽各種風景，有四季恆溫的溫暖花室，有危機四伏的生態曠野，但都有護衛者一路替妳著想，於是養成妳嬌生慣養的個性，不習慣付出，很習慣接受。

　　A，光從字母順序來看，他就是妳心目中感性的第一，他是妳的夜神，掌管妳的情欲。為何當初妳沒有選擇 A ？因為婚姻該考慮的條件中，情欲不是首要考慮。

　　沒有一個人能符合另一個人所有需求的，我們的感情教育都是教我們要感激，但那只是一種模糊的勸告，所以大家在輿論的壓力下，在遇到情欲糾葛或有人介入時會選擇壓抑。至於會為這壓抑付出什麼代價，人人不同，也不見得能壓抑到最後。

　　其實妳不用有過多的罪惡感，因為妳讓兩位男士都很滿足──只要這件事沒有被拆穿的一天。問題是，

現在的狀況已不是昨日，A 有女友了。

　　妳能在這時候求救，代表妳是真的也在替 A 想的人，雖然妳最缺乏的經驗就是替人想，這對妳是很重要的轉折。學習和愛的人好好分手，過去他對妳的容忍和受苦，妳現在要同理心的加倍奉還，讓他專注的去愛他的新愛，讓他不要經歷妳腳踏兩條船的複雜，這是妳欠他的禮物，也是妳假期結束前該有的覺醒。

　　找一天，好好跟他永別吧！捨不得放掉的情欲盡頭，通常都是卸妝後的疲憊，曾經那麼美的記憶，沒有在變不美之前結束，這記憶將會褪色成傷痕。

復合後，卻再受騙又受傷？

——

問

　　我在去年一月和前夫離婚，但去年三月開始，前夫帶著四歲兒子苦苦哀求我復合。其實我自己也放不下孩子，於是我們和好了不過沒再結婚。

　　後來我們買了房子，說好一人出一成頭期款，共同登記兩人的名字，結果我被騙了，房子登記的是他的名字。接著我發現我懷孕了，我以為有了兩個孩子，他不會那麼狠心拋棄我，誰知道新家才住不到兩個月，他竟搭上我同事，不但把門鎖直接換掉，還把我在家中的物品全部搬出。

　　如今我已經懷孕八個月，一直借住在好友家中，而他和新女友到處放閃，根本不管我的死活。我無時無刻不在思念我的兒子，至今四個月沒見過小孩了，只有流不盡的眼淚。

　　對於前夫家的人我一點也不想接觸，看到前夫就像看到鬼一樣害怕，有太多不堪的記憶了。可是我非常的想念孩子，非常痛苦，不知該怎麼辦……

一

回

　　這些痛苦，也許就是妳這次要上的一堂課，明白痛苦的原型是什麼，明白妳現在擺脫不了痛苦的原因是什麼。這個痛苦的原型是妳對他的期待，期待他和離婚前不同，期待他有起碼的厚道，但他都讓妳失望了，所以妳現在嘗到的痛苦都是期待落空的代價，這是賭徒要面對的現實。

　　要擺脫這個痛苦，妳就必須承認妳之前的賭性。賭性是這樣的，總是太傾向妳想要的未來，而忽略了現在基本的保障，所以妳沒有在房子上寫上妳的名字，這個失誤，就是妳要承擔的，妳不能再耍賴，否則耍賴也是要付出代價的，這個代價就是繼續耍賴，耍賴到跟妳的前夫一樣德行，改錯和犯錯都一樣的不負責任。

　　你們這兩位不成熟的父母，現在一人負擔一個孩子是一樣的公平，妳先把自己照顧好，他也有很多壓力要扛的，有個孩子在一起他連談戀愛都很不清淨，不要覺得自己有多委屈，是妳的步步錯讓妳這麼委屈的。

　　人生很有意思，一切好像都是為了愛，但只是利用愛來做不愛的事。

是耽誤，更是錯誤？

———

問

　　在離開一段做到流汗被嫌到流涎的婚姻後，我投入了另一段感情，對方是有婦之夫，關係開始前我曾警告他後果將不堪設想，但他說無論如何都會保護我，即使為了我粉身碎骨也在所不惜。我信了他，結果當他老婆發現時，他還是選擇回到妻兒身邊，要我忘了他說過的話。我曾試圖挽留、退讓求全，只是見到對方不耐煩的嘴臉。

　　下一段感情，是個年輕率性又有點霸氣的男孩，剛開始在一起時，他口中說出、眼中看見的我是如此完美，但感覺來得快去得也快，當我還沉浸在甜蜜喜悅中，他就說他膩了倦了。在我的挽留下，這段關係輾轉了一段時間，最後他被我逼得說出極盡難聽的話之後，我才放手。

　　活了這麼一大把年紀，在婚姻的路上兜了一大圈，離了婚、帶著孩子回到原點重新開始，卻仍是逃不了情感擺布，還搞不懂什麼才是真正的愛別人與愛自己，

真的好可悲。

現在我交往的男友是自己以前的學生，小我十二歲，學生時代很愛慕我，當他知道我其實也喜歡他時，就跟自己的女友分手與我交往。一開始兩人熱情如火，我們一起幻想了好多關於未來的事，但沒多久他卻告訴我，他覺得自己真正喜歡的是另一個他暗戀已久、在咖啡館打工的女孩。

我不肯放手，那男孩也就這樣欲拒還迎的陪了我一年，最近為了小事吵嘴，他又吵著說要離開、說我們沒有未來，我也被他磨得失去了耐性和理性，開始發瘋似的罵他，求他不准走，狀況越搞越糟。

這時候另一個男孩出現了，是他的好兄弟，同樣也是我的學生。他知道我們的事，很擔心我，主動來找我，陪我說話、陪我哭，勸我放棄這段不值得的感情。結果他告訴我他愛上我了，要我給他機會，因為他想保護我、疼愛我，不想再讓我受傷。他早就決定終身不娶、不生小孩，所以不用擔心我耽誤他的未來。

我跟這個學生也同樣差了十二歲，但我對他其實沒有特殊的感覺。我談感情向來只憑第一眼印象，尤其喜歡陳冠希類型的男人，對於這個外型不是我的菜的男孩完全沒感覺，但很為他的寬厚善良感動不已。

我應該勉強自己試試日久生情的戀愛方式嗎？還是

不要再造孽了，趕快讓這個條件與我相差甚多的男孩離開？還有，他知道我仍然愛著他的好朋友，但他說要對我好、陪伴我忘卻傷痛。面對愛情該如此無縫接軌嗎？

我很猶豫也很自責，為什麼接連和兩個還這麼年輕的生命有如此多的牽扯？這種耽誤他們未來的想法讓我很自責。老師，可以請你幫幫我嗎？我無意讓他痛苦，況且我還愛著他的好友，更不知該不該勉強自己試試何謂日久生情。

我心裡有好多矛盾，尤其每次看到這個追求我的男孩，就想起他的好兄弟讓我傷心的回憶。我真的不知道該怎麼做才好，求老師幫幫我好嗎？

一

回

愛情，是一場冒險，不管妳遇到怎麼樣的人。為何是冒險？因為你們熱愛的時候夢都做得太大、承諾都給得太滿，卻沒有一件事是有方法、有分寸。

兩個人都是很天真的大話高手，當愛降溫了，當爭吵越來越頻繁了，你們都變成了魔鬼，一個被煩到變凶神惡煞，一個發瘋的加倍索求，沒有誰是當初自己

講的那個人，都是現實鬼，不給愛就傷害，不放手才痛快。

喜歡男孩型的妳要有一種認知，他們還有很多機緣要學習，他們沒法跟妳長期演戲，他們看不清妳複雜的期待，他們不像年齡稍長的人那樣多方顧慮。妳可以相信他們愛的初衷都是真心的，但妳怎麼相信妳自己有能力成熟的與他們相處。

冒險的人，如果還要求永世的不變和安定，那就會是一只不斷斷線的風箏。妳到底是要飛，還是要繫住？妳是要天空，還是要那隻手握住？

妳太習慣轟轟烈烈的愛情，所以有傷亡是很正常的，若不想這樣，妳就要捨掉其他看看，就是不要專一、不要長久，其他都不要了，只要當下好好享受。

沒有能力的時候還要耍賴的追討才是問題所在，當對方要跟妳提分手時，妳若都不聽他心底的聲音，妳就是在欺騙自己，不想面對真相。這樣，妳就出局了。不出局，妳就會一個人留在空蕩蕩的鬼月裡。

我只是個替代品？

——

問

　　我今年二十一歲，與前男友分手三個禮拜後，發現自己被無縫接軌甚至是劈腿了，對象是他的前任女友。

　　我們分開的原因是他淡了，分手過程中不管我說什麼，他都以「嗯」或「不知道」來回答，我覺得這段感情彷彿只有我一個人在經營。

　　當初在一起時，他不斷說我和他的前女友長得很像，也曾開玩笑說他對我好是因為我長得像她。現在他們很快又復合了，真的很難不去想自己只是個替代品，腦中只要一浮現他們在一起的畫面就好難受。

　　我知道交往過程中的好不可被否認，但是現在回想起來，只剩下不舒服的感受。對於這段感情，我真的很努力去感受跟相處過了，也問心無愧。想請問老師，分手後的短時間內該怎麼去釋懷？

一

回

　　一切的痛苦都是從妳認定自己是替代品開始的，因為妳發現他和她無縫接軌。但又怎麼樣呢？如果痛不痛苦是因為這一點，還要為了這一點懷疑妳是不是他的替代品，並覺得他從未愛過妳，一直一直無限推算，直到懸崖邊嗎？

　　會讓妳努力去愛一個人的時候，他就已做到他該做的了，剩下妳要的延長，是要靠妳有分寸的掌握和放開，不是嗎？分手都會有原因，原因不會只有一個，甚至是分不清的，所以「嗯」可能是最清楚的回答，是吧？

　　至於妳說的經營，經營都是為了自己，不是為別人。他離開了，就讓他離到妳的記憶的相框裡，跟他揮揮手，請他笑一個，然後按下寂寞的快門。

　　記得，分手的浪漫，這才是妳最該學習的。不要像大多數不甘心分手的女人那樣，硬要把對方塑造成負心漢，把自己變成孤魂野鬼。

變了心，什麼都變了？

———

問

　　我已婚三年，婚姻中無愛無樂，離婚二字提了又提，但先生視為兒戲。

　　兩年前，我跟單身、小我五歲的同事在一起。交往一個月後我懷孕了，在婚外情壓力、孩子父親不確定，以及適應新工作環境的多重因素下，我開始覺得很不快樂，便把所有失控的情緒、壓力與歇斯底里都發洩在小男生身上。

　　小男生非常包容我，不但認真安撫我的焦慮，也付出全力陪在我身邊，夜晚下班短暫相聚、假日出遊共度時光，都極其溫柔體貼，從不亂發脾氣，還不斷鼓勵我。而失能的我，完全沒辦法照顧他或考慮到他的情緒。

　　我們沒有自己的窩，碰面後都得各自回家。我對先生說謊，而他得瞞騙自己的家人，我們愛得很深，也很痛苦，我們不只背上罪惡，他更背上我的心神喪失。

　　懷孕五個月時，確定是小男生的骨肉，也同步獲知

染色體異常，小男生無法出面也無法陪同，他說他什麼感覺都沒有，我則不滿的一直對他丟出暴躁的情緒。引產後，我得了憂鬱症跟恐慌症，但當時的我不知道任何求助方式，遠嫁異鄉的我也沒有朋友可以傾訴，身心失衡下，我無法工作，也無力處理婚姻，整個人疑神疑鬼的，對他只有謾罵、怨懟和指責，他也快被我逼瘋了。

我對他咆哮生氣抒壓、以購物減壓、以負面抱怨宣洩，甚至跟先生出國數日作為逃避。但我一直以為我們仍然相愛，這一切只是過程，只要我快點恢復力量、恢復正常，能處理婚姻，兩人就能好好相處了。

上個月我和先生出國回來，小男生提出分手，原因是他愛上了同辦公室年紀相仿的女生，他向她傾吐自己所有的祕密，最後告白在一起了，他說她個性陽光、快樂活潑，他很欣賞她的特質。

我覺得很錯愕，竟然沒察覺他情感的游移，我一直在為今年離婚做準備，去年我還開始接觸身心靈課程，想學習改善兩人的關係。我心裡明白在生病期間，我只是陷在自己的情緒中無法自理，只是一直在傷害他，現在他累了、倦了，看不到未來走了。

我的世界整個崩解，我的精神支撐垮了，我創造了他的離去，我將最愛的人趕走了。他提分手的當晚，

我向先生坦白婚外情，先生也同意離婚，但小男生衡量年紀、生育、情緒等等條件，選擇了單身的她，義無反顧。

分手時，我的優點都變成了缺點，以前可以接受的全都變成無法相處的理由，就像朋友說的：因為變心，才讓感情變質了。我常常想起被背叛這件事，並為此所困，那些回憶一點一滴噬咬著我，讓我一日日苟延殘喘的活著。我深深自責又懊悔，明白無法要對方負責，只能回歸自身，再回歸自身。

一

回

放下吧！放下妳才能擁有，妳知道嗎？放下他，妳才能好好的看看他。難道妳忘了結婚三年卻無愛的經驗？可見擁有不一定能享有。

當妳把妳和小男友的事告訴先生，先生很快同意離婚，可見妳遇到的男人都很照顧妳，都考慮到妳的處境，沒趁機刁難妳或放棄妳。

愛的經歷，會教妳什麼是收穫，也會教妳什麼是放下。這一路的收穫，有很多的苦、有很深的樂，沒能力消化或沒能力擁有，妳就必須放下。

接受和享有愛是需要能力的，一直不快樂就是妳沒能力的證明，就像妳不會開車，卻一直在路上，又不懂下車、不懂步行可能是另一種美好。

自責、懊悔、可不可以不要愛了……難道妳不明白妳不愛很久了嗎？

妳和妳先生之間，妳和小男友之間，都有相同的狀況，就是快樂的時光太少，大都是憂鬱和無能為力。沒有愛的人生其實不賴，因為少了執著，也少了可能會撲空的依賴。

這兩個男人都曾是妳生命中的天使，天使任務完成要歸隊，妳要留著他們，請拿出態度，這態度就是妳要變回獨立起來的可愛女孩。

想為已婚的他生小孩？

—

我今年二十七歲，是個很早熟的女生，想法也總跟別人不同。我非常不喜歡被世俗道德觀限制，常被別人認為是叛逆的女生，當然我自己不這麼認為。

雖然我從十六歲開始就在八大行業工作，但也許是我家境不錯的關係，我並不懂得從客人身上拿錢，或是為了錢而答應某些事，所有看來光鮮亮麗的生活，都是我一分錢一分錢辛苦賺來的。所幸我的貴人很多，大家都包容我的任性，也接受我的直來直往。只是隨著年紀越來越大，心也越來越感到脆弱。

我曾經有個很愛的已婚男人，我們談戀愛時我還很年輕，因為有些不愉快後來自然而然的分手了，但中間他還是很關心我、照顧我。最近我們見了面，知道他中風了，個性也因生病而有些改變，他對我說，希望我幫他生個小孩。

自尊心很強的我從來不依靠家裡，也不會為了錢向任何人低頭，但是我已經一個人孤獨許久了，真的很

想為自己所愛的人生個孩子，也很想有個人能陪我到老。只是他畢竟已婚，懷孕後要面對的困難應該更多，他能給我的卻只有一樣，所以我覺得生了小孩之後，我會變得更孤獨⋯⋯

老師，其實我很想幫他生小孩，因為我真的好愛他，可是想到這些問題又好迷惘。

一

回

經過生命淬鍊後的再度相遇，你們看重的將不只是愛了，是雨後的彩虹，也是更出世的入世。

或許不一樣的心境會產生不一樣的期盼，當妳從一整年離家謀生又經歷千山萬水，相信再度回家的感受和看到親人的感動是全新的心境。就是這樣的轉折，妳才有了這個疑惑。

妳驚訝的不是該不該為他生孩子，妳的個性向來只為自己，所以妳才不拿客人的錢、不賣自己的情，這是妳的引以為傲。所以妳是想為自己愛的人生孩子，但妳又怕他不能陪妳到老。

妳的傲氣不只是傲氣，也是聰明，妳很清楚真心是最有利的價值，要持續這價值，就不能賤賣。妳要勾

引他們的興趣，不是燒光他們的興趣，但這次妳卻迷惘了，因為妳遺棄了妳的傲氣。

陪妳到老，靠的是什麼呢？若拿妳和他的老婆比，妳們倆究竟是誰得到這男的陪伴到老？

其實妳已中了愛情廣告的毒，所以妳會去購買妳不需要的產品，這是某些傳統思維給人的夢幻願景，好像人就該有個人依賴到老才是溫馨的幸福。妳深深的疑惑就是為了這個廣告。誰又比妳更知道這到老前的旅程常常會缺席，而他就是在他和老婆缺席的情況下遇到妳，這樣偶爾的缺席妳能接受嗎？即使他現在已中風，但妳能相信他，妳就能懷疑他。

只是，如果他夠替妳想，他應該把妳當女兒般有更高的期待，應該鼓勵妳有更如妳所願的追求，畢竟他在生理和法律上不太容易陪妳到老，他這樣的懇求妳，只能說是人在病狀時特有的軟弱與自私。

不過別擔心，妳不會幫他生孩子的，妳只是因為他的這個突然的請求而轉個身去做一場妳想要的幸福的夢而已。

男友欠錢又要我墮胎？

—

問

　　我三十四歲，懷孕快三個月了，不知道要不要生下肚子裡的小生命。

　　我跟男朋友在一起兩年，他是香港人，搬到宜蘭和我一起租房子住，剛在一起的第一個月，他向我借了四十五萬，說是要還給前女朋友和朋友的，並說好每個月會還我錢。

　　當初我是以信貸的錢借給他，但這兩年來，他從沒還過我錢，都是由我自己償還信貸。另外，他租店面做汽車美容，跟我親妹妹借了三十萬重新裝潢，說好每個月十號還錢，也是要還不還的，弄得我妹都會轉而罵我。

　　由於我的身體很難受孕，去年還子宮外孕動手術拿掉，前兩個月他本來很開心有孩子了，昨天下午卻要我去把小孩拿掉，說沒錢養。我很想離開他，可是不甘心他沒把錢還給我，我真的不知道該怎麼做？

　　有什麼辦法可以把錢要回來？他欠我妹的錢又該怎

麼辦？請老師幫幫我！

一

回

　　停止期待他還錢，因為這個期待只會折磨妳的心靈。跟妹妹說這筆錢妳來還，但請她體諒妳現在的處境。

　　至於這個失信的男友，妳能明白他的無能為力就是賺到了，至少他向妳坦承他無力養孩子，剩下的，妳就要為自己的選擇負責，要不要生孩子只能靠自己，對他的怨念是不必要的，因為怨死他也不會改變什麼，只會更難受。

　　不要只看到損失的部分，想辦法在這次的經歷學到理智與寬容，這才是收穫。比起結了、生了才發現這個問題，這些錢，算是很便宜的學費了。

關係不被對方家人接受？

——

問

因為年紀上的差距，他的家人反對我們在一起，我一直為了這問題與他爭吵。或許是我急於走進他另一部分的生活，或許是我想讓他的家人了解，我們在一起並沒有他們想的那麼糟糕。

前一週，我與他的一位親戚互傳訊息，我們平時就會互相關心問候，但她的字裡行間很清楚的傳達出要我放手的意思。她說，女生年齡太大，以後一定會有問題，她也不希望我受到傷害；一段不被看好或祝福的婚姻，肯定很辛苦，如果我能放手，對我或他未必不好，叫我想清楚我要的是什麼樣的婚姻，是被祝福的婚姻，還是要鬧家庭革命的婚姻？

當我看到這些話時，我的眼淚真的停不住，因為連她也在勸我放開這段感情。我曾經很多次表明，願意與他一起面對他的家人，但他說他的家人一定會讓我很難受，他不想我受到傷害，所以一直在等好的時機再帶我回去。

老師，我真的好累，可以請你告訴我，該怎麼改變
這個現狀呢？

一

回

　　會累的原因是妳太在乎這些反對妳的人的看法，其
實只要妳的男友支持妳走下去，只要妳願意把這些阻
礙想成是凝聚你們愛的力道，一切並沒有妳想的那麼
糟。

　　就像有人會把攀登聖母峰當做一生的夢想一樣，他
的家人也許就是妳要征服的巨山，這也是妳愛上妳愛
的男人要面對的代價。沒有白吃的午餐，沒有一帆風
順的幸福，只有一起突破困難的團結。所以不要急，
不要沒有進展就喊累，妳可別忘了初衷時的妳是個急
於走進他生活的人，都相愛了，還不覺得在他的生活
裡了嗎？

　　難道要那些舊觀念的人給妳祝福才滿意嗎？還是
這些多餘的願望讓妳覺得累？那些要趕妳走的人也知
道，這時代並不能這麼囂張的反對，所以都是偷偷又
著急的。他們在打轉，妳卻也笨到跟著打轉，是這個
心態讓妳未戰先敗，不能滿足於現況又想追求主流的

表面排場。

　　妳的愛啊，已經不純了。離開吧！如果妳沒有革命的精神，如果妳只是想要通俗的婚姻，那麼，愛就被妳貶到只剩下累。

在婚姻裡迷途

當你想要長久的安定，

讓人起起伏伏的愛情就不會存在。

積怨已深的婚姻，能用愛修補嗎？

━━

問

　　我和丈夫是相親認識的。原本我有自己的規畫，不打算再交男友了，但是他很積極，常常電話聯絡也聊得很多。雖然一北一南，他會在下班後開車來找我，我對他也有好感。認識不到三個月，他就說他很愛我、想娶我。我知道他人很好，也懂很多，所以我們是以結婚為前提交往的。

　　只是我的愛正如老師書中所說，是那種占有、幼稚、嫉妒，沉溺其中而不可自拔的類型，讓原本個性灑脫、愛好自由的他很受不了。半年後，他說自己已經從熱戀中冷卻清醒，而我卻覺得自己付出了一切，他怎麼可以說不愛就不愛。原以為要結束的感情，在他提出要同居後，又繼續下去。同居後不久，我懷孕了。

　　孩子是我想要的，因為我就是那種沒安全感的人，我天真的以為孩子不會像他一樣隨時可能離開我。我本來沒打算和他結婚，除非他能改變那些我無法接受的部分，但他並不想改變。只是，在家人的催促下、

加上他捨不得孩子，他答應要結婚了。

　　婚後，他不再親吻我，我問過他原因，他卻總是避而不答。孩子誕生，忙碌的日子與婆媳的衝突、生活的壓力接連而來，幾次爭吵後我們開始冷戰，每次都是我去求他，他才願意給我幾分好臉色，最後連吵都不想跟我吵。我知道是自己不會溝通，總是一股腦兒的宣洩情緒，沒有站在他的立場為他設想。

　　起初我無法理解發生了什麼事，只覺得他不愛我為何要娶我？直到看了老師的書才釐清頭緒，才知道自己犯了哪些錯，不再到處抱怨。現在的我們相敬如賓，雖然會交談，但都是為了孩子和生活瑣事。我還愛著他，可是積怨已深，讓我不知道該如何接近他，也害怕他拒絕我。我不知道該怎麼做才能讓他重新愛上我，愛上那個開始懂得愛是什麼的我。

一

回

　　回到初衷，記不記得當時妳是不想再交男友的？但不想的原因是什麼呢？有可能是過去的戀愛經驗都是不好的，有可能是每次用力的方式都是不快的。

　　你們看來都是會念舊情的人，明明在一起的時候就

是那麼不舒服，卻還是願意再給對方一次機會、給自己一次考驗。但你們還是失敗了，因為你們只是換湯不換藥。你們像許多人一樣，只懂愛，不懂相處。不懂相處是愛得杯盤狼藉之後的清掃整理，靠的是體貼的工作分配，仰賴的是人性的相知相惜。沒有這一分覺醒，你們走得越深就會越顯得問題的嚴重。

婚後的妳該遇到的問題一個都沒少，有婆媳問題、有溝通問題、有現實的壓力，也有最不知該怎麼辦的冷戰。這些當然是你們一廂情願走進婚姻的結果。但願望都落空的時候，妳會怎麼走接下來的路呢？

有時候承認失敗是對自己的溫柔救贖，婚姻不是單方面的等待就可以自己改善問題的。妳可以跟老公好好談一下，就說妳要放下了，請他和妳一起善後。這不是緩兵之計，而是不這麼澈底的大破，妳就無法從纏成一團的毛線球裡找到自己。否則妳就該想想初衷，如果眼前的這個男人不能和妳去創造你們要的夢，你們的相守到白頭就會是一場失去目的地的遠征。

讓他重新愛上妳，需要打破過去的妳，如果沒有讓他重新追求妳的魄力，妳的期望只是一場不知何時會結束的飄蕩。

時間抹不去被背叛的痛？

—

問

　　前年十月我發現太太外遇已達六、七年，當下處理，期望他們兩人終成眷屬，奈何男方直接回絕，因此我抽絲剝繭所有原因及所發生的事件，讓太太看清楚自己與對方，再讓其選擇。

　　但她看清所有事情後，無法接受自己這段時間的行為，以及對先生和小孩造成的傷害，因此罹患了憂鬱症，自殘、自殺已不可數，她現在能活下來也完全是因為我和小孩。

　　這近兩年來，我藉助家族與醫生等力量，讓她回歸正常生活，現在她的狀況較為穩定了，可是我自己卻陷入那六、七年的泥淖而無法自拔，導致她也跟著惡化。我知道我必須自救，她才能得到救贖，但我已經喪失了自信與自我，也失去了當初合理化太太行為的理由，我以為時間可以讓我找回自己，放下一切重新開始，不過我想說：對不起，我做不到。

　　往往越想忘記的，就記得越深刻，過去那些畫面、

那些言語、那些感覺一直侵蝕著我……求解！感謝老師！

一

回

　　當路被你走絕的時候，你就有機會碰到可以停下的時候，像來到懸崖邊，轉身就瞥見了你們前半生的浮光掠影。

　　你們愛過、你們互不讓過，你們結婚了、也有孩子了，你們像大多數的夫妻沒通過考驗，而且還留下許多傷痕與黑影。這次你想說：對不起，你做不到了。話聽起來很堅決，但會在這麼做以前來向我求救，可見你比你想得還心軟。

　　是緣分讓你們在一起，不是愛，就像你太太想和那個人在一起卻被拒絕一樣，雙方都想愛卻不一定能在一起。

　　是婚姻制度裡的那套價值非黑即白的價值觀讓你不放過你的妻子，不是你不放過，就像忠貞這個符咒一旦放進婚姻，所有外遇爆發的夫妻就再也不能回到當初一樣，這樣百害無一利的符咒不撕下，你就會是逼自己去恨妻子的那個被背叛的可憐丈夫。

　什麼是愛？愛是沒談好條件前就放心的彼此靠近。要對方忠貞，為何付出的代價卻是懲罰對方和凌虐自己？這麼用力的不相信和這麼用力的控制又能得到什麼愛？

　該停了，魂都沒了的愛上一個人很難理解嗎？不要以為做到忠貞有什麼了不起，那靠的都是毅力和想要撐起來的面子，跟愛無關。愛在的時候，怎麼會沒有忠貞？是愛不在的時候，不知加柴添火，卻拿著猜疑、拿著壓抑、拿著自律、拿著名片般的正當性完美著，才把一切都弄僵了。這樣的形象怎麼跟活生生的野花路樹比？愛情的芬芳，絕不能匠氣。

　做不到，也許是好的。你做盡了一切苦，卻不懂要從苦裡回甘需要的是孩子氣，你不懂妻子是你前世修來的妹妹，妹妹迷路了，你就引她回來；妹妹不想回來，你就一路跟隨保護。

　也許你會說為何要這麼委屈？唉，明明看在旁人眼裡都是愛的累積，你卻以為是損失。

　是啊！愛了就會這麼笨，你笨到不斷壓迫自己不放過妻子，你的妻子也笨到在這婚姻裡持續的抬不起頭。不要再笨了，相信我，沒有這婚姻，你們才會真正的在一起，因為你們本來就不需要那些不人性的制約來圈著幸福。

老公在外有第二個家

———

問

　　我結婚兩年多,有一個兩歲的女兒,目前是在家帶小孩。結婚後,先生總是因為工作理由早出晚歸,假日也常埋首工作,小孩出生到現在,幾乎都是我一手打點的。

　　漸漸的,我與先生的交集變得越來越少,即使我想溝通也使不上力。先生經濟能力不錯,但我總覺得一遇到問題,他只是給我物質上的補償,情感上非常冷漠,甚至曾經兩次動手打我。

　　我越來越想不通為什麼婚姻這麼可怕?直到半年前我終於明白理由,原來他在外面有了小孩,對象是前女友。現在我還沒告訴他我知道了,因為長輩都說只要我攤牌他就不會回來了。

　　這半年我非常痛苦,不知道該怎麼做,我真的想跟他攤牌,卻好像也無法改變什麼。老師可以給我點意見嗎?

一

回

　少交集，不見得是壞事，有可能是神祕、是距離、是獨立，這些反而有利於愛情的存在，如果妳不把這些感覺拿來猜疑的話。婚後最怕死腦筋的緊守著這些美夢不放，把這完美的盼望緊張兮兮的霸占著。

　如果妳不知道婚後有很多重心會隨著版塊改變而移動，妳會有很長一段時間單獨和孩子一起成長，他會有很長一段時間單獨和事業壓力共處，你們很容易漸行漸遠，你們各自都會暗自感到不安和空洞，因為前人都沒提醒過，你們可能會走到這狀況。

　如果妳和孩子處得很滿意，如果妳的老公其他部分都很好的話，如果這個時期的妳也不是那麼熱衷性與愛情，如果妳還是很想要這段婚姻，妳選擇不說破反而有助於婚姻的持續。

　面對婚姻問題，首重需求，其次才是夢想，這個需求就是繼續過妳原來的日子，就以目前的基礎想辦法過得更好、更獨立，獨立到有天妳有錢有閒、有好心情但不再怕失去這個老公了。至於夢想，就是讓妳的老公知道，他敢再動手，妳會讓他在睡覺時永不安穩，因為被暴力的陰影就是這樣。

　　生命的難題都會引發人思考，妳思考到什麼呢？
有想過如何讓自己不那麼依賴人嗎？為何原本獨立的
妳，一結婚就失去了獨立的能力？這形同讓妳變成奴
隸，變成沒有他就不行的奴隸，妳懂這個差異嗎？

　　有時候，愛上這種男人也不壞，因為當半個妻子有
半個的好處，不用那麼多交集，偷偷看著他腳踏兩條
船的手忙腳亂，也是一種樂趣。只要妳記住妳要什麼
就好，不要連這個都不確定、意志模糊。

婚姻破裂，感覺人生也毀了？

問

我今年四十八歲，前半生我是自己的主人，我的學業、我的感情和婚姻、我的家庭生活，到我今生的夢想和目標，似乎都是身邊的配備，安全的在我手中掌握著。

直到四年前，我的人生有兩顆地雷爆炸了，我發現我先生有外遇好幾年了，我兒子罹患了終身都得服藥的內分泌疾病。從那時候起，我的生活好像失去動力的雲霄飛車，茫然不知所措……我結束了自己的自營事業，目前還是有工作，但現在每天花最多力氣的事就是跟自己對話。

我深究自己的內心，我不知道自己要什麼？不知道該如何繼續婚姻？不知道自己今生的重心在哪裡？是要維持這段婚姻、這個生活，還是自己自在的去飛翔？但究竟要飛到哪裡，我也不知道，就是自己的心被困住了的感覺。與我先生的關係也無法解套，兩人之間彷彿有一道牆隔著。

　　我的遺憾就是我的婚姻，這段雙人舞令我苦惱，不知如何以己心解套？更重要的遺憾是：我的自信與能量該怎麼找回來？

一

回

　　如果之前的人生是要妳體驗掌握自己人生的感覺，現在就是要妳體驗掌握不到妳想要的人生的感覺。

　　不要用婚姻的角度來看妳和先生的關係，用收穫的角度看，也許他是來考驗妳某些慣性的態度，要妳明白漫長的婚姻裡，有些車禍是很有可能的；要妳清楚複雜的人性裡，有些劇變是人人有機會遇上的。

　　妳享受過一帆風順，就沒道理要求永遠都這樣。這是個轉彎處，妳要把重點放在學習，而非責怪與抱怨。

　　不是妳的命不好，是妳選擇的婚姻，本就有這麼多超乎妳想像的考驗。妳要的那麼完美，並用那麼大的犧牲去換，這麼冒險的期盼，有機會覺醒並調整，是一種幸福。

　　不要情緒化面對，不要把對手放在外遇那個人，是妳可以想想你們在這個階段要不要打開天窗重新規畫，看要不要暫時恢復單身，看要怎麼樣的第二階段的婚姻。能像學生一樣學習與熱情，妳的人生才有救。

外遇後的疙瘩

———

問

我抓到老公外遇，對象是他公司的同事，我把證據拿給他看，他也承認了。但老公表示，他要選擇我們的家庭，不會再跟那個女生聯絡了，而我的選擇是離婚，可是他不要。

他當著我的面打給那個女生，說他們就到這裡為止，他要選擇家庭；我也有跟對方通話，她說被我知道也好，因為她也曾經對他說不要再來往了，但老公威脅她若不繼續在一起，他就要把他們的事情告訴大家，所以她會害怕。她說這樣傷害我很對不起我，也說會封鎖我老公的電話和 Line，不會再找他了。

雖然老公是想要跟我走下去的，可是我的心裡一直有疙瘩存在……

我記得老師寫過，要嘛就好聚好散，如果選擇原諒，就忘記這件事情。老公也叫我不要再去想，他知道他做錯了，很對不起我，但我的腦中會不斷出現那些畫面，真的不知道自己該怎麼做，所以想請問老師。

一

回

　那些不斷出現折磨妳的畫面，也許是給妳一個啟示，這個折磨不是建立在他的外遇之上的，否則當他們不再來往後，就不該仍會影響妳，所以這個痛苦的源頭，也許就是妳對婚姻裡的男人的完美期待。

　原諒是要自己停止再花心力埋怨他，忘記別人犯的錯是保護自己的基本能力，能好聚好散說明的是妳有智慧放手，以上三者都是能救妳的仙丹選項。妳不要也可以，但妳是在找自己麻煩。

　很多人的愛都是既完美期待又用力兌現，明知道對方很可能在漫長的婚姻裡受到誘惑考驗，但妳又想讓自己變成全世界最幸運的人。沒有方法，只有執著，這樣的下場就是很容易讓自己進退兩難。妳該反省的就是妳的這種過時又不理智的態度。

　大多數的婚姻都是在外遇發生後才有機會面對真相，妳要發瘋、妳要埋怨、妳要報復都可以，但不甘心背後的真面目就是毀滅。妳今日的一團混亂，也許就是證明妳有多天方夜譚的在建造妳的夢幻屋。

　給你們一點時間吧！告訴老公妳願意努力一年，這一年妳給自己重新設定，就像影集的第二季，讓彼此都更精采，否則下檔也是不錯的面對。

夫妻間沒有性，能長久嗎？

——

問

婚姻裡如果沒有性，這樁婚姻還會不會長久存在？

我和先生在一起大概五年，包含從認識、戀愛到結婚。其實一開始我們的性生活還是很和諧，甚至因為這一點讓我們的關係更加緊密。可是突然從某一天起，我們做愛的次數越來越少，最近的一次已經距離今天一年又三個月了。

可以肯定他沒有外遇，由於工作性質，他的周遭全是男性，除了上班時間之外，其他時間他都待在家裡，而且上班時間也必須一步不離的守在崗位上。我們感情非常好，經常聊天、開玩笑，生活上他很照顧我，顧全我所有的需要，我也很關心他、愛他，兩人甚至經常同進同出，所以鄰居和親戚朋友都很羨慕我們夫妻的感情如此好；並不是裝出來的，而是真的如此。

我三十四歲，他三十八歲，我們自己租房子住，沒有其他的干擾。我和先生有時會說說黃色笑話，彼此也會時不時的摸來摸去，卻也只是摸摸而已。

　　記得在結婚前我曾經問過他：性在婚姻裡重要嗎？他回答我：當然重要，性和精神都很重要。我也不只一次和他溝通，為什麼我們現在很少有性生活了？他回答我的是，他的雞雞好像壞了。我說不然我們去看醫生吧？他又不要。

　　基本上，我說出什麼請求或要求，先生大部分都願意聽我的，但有時候金牛座的固執又會跑出來。我知道他還是會看 A 片自己解決，變成我現在有生理需求的時候，也是自己解決。

　　我很困擾，明明是相愛的兩個人，明明感情沒有出問題，為什麼會這樣？為什麼兩個人要怪異的各自解決各自的需要？我曾經試探過問他：不然我們分開吧？他不要，他說我們感情那麼好，分開的理由是什麼？

　　老師，我們相愛著，但是沒有性，真的能一直這樣相愛下去嗎？婚姻真的能長久持續嗎？

一

回

　　沒有愛都能持續下去了，更何況是沒有性。為何如此？因為你們之間長期一起走下來的日子裡，除了已漸漸變得不重要的性與愛，還累積了許多珍貴的東西。

性與愛有個特性，就是滿足需求，當你們不像初戀時那樣常常渴望見到對方，渴望和對方天長地久，當渴望都被滿足了以後，你們在對方的心目中的需求就消失了，這也是孩子對父母長期照顧不懂珍惜的原因。那麼容易得到的東西，有什麼誘惑力和期待感呢？

結婚十年以上不做愛的夫妻非常普遍，但沒幾個人敢公開承認，這也是妳會在這問題裡走不出來的原因。妳以為你們感情變差了，其實只是不想做愛，和沒有那麼不容易的場合去表現愛。沒有王菲和謝霆鋒的千辛萬苦和繞一大個彎，妳就不可能得到千載難逢的傳奇。

妳的老公跟妳講雞雞壞了，也許是用詞不當，也是沒有撩起欲望的距離，當妳想要長久的安定，讓人起起伏伏的愛情就不會存在。是的，如果妳懷念戀愛初期的寶貝感，你們就得放掉某些期待，放掉他、放掉關係、放掉忠貞的期待，就像放掉鳥籠。如果妳是一隻鳥，妳有信心期待你們能在天空相遇嗎？還是妳覺得這一放什麼都沒有了？

當妳只相信鳥籠，那隻雞雞一樣的鳥，當然就壞了，當然就飛不起來了。

愛了十八年，離還是不離？

——

問

　　我跟老公在婚前交往了十年，是因為想要小孩才結婚的，當然他對我也是非常好。四年多前，我們帶著第一個小孩住進了我們的第一間房子，沒一個月我就懷了第二個小孩，但是三年多前生完老二後，一切都變了。

　　一開始是知道他跟女同事聊得忘我，被我發現他寫給她的信，他承認他有點喜歡對方，還說我不溫柔、不會撒嬌。後來他發現自己想要的是家庭，於是我選擇不追究，努力挽救，畢竟老二也才一個多月大。

　　我的缺點真的很多，他不斷嫌棄，我都願意容忍，但最後甚至鄙視我，最誇張的一次還曾罵過我垃圾，非常不尊重我。他確實是個好爸爸，也把家事做得很好，可是我所做的他卻看不到，兩人一直僵持著，我真的很累。

　　兩年前朋友介紹我玩交友軟體，因為在婚姻中太痛苦想尋找出口，我失去了道德觀，做了最不好的事，

但我知道那些人始終只是過客，我不會被任何人影響或破壞我的家庭。

現在的情況是，我們相互都喊了要離婚，可是都後悔不想離，我卻感覺自己好像不愛他了，而且也怕反覆吵重複的事，我根本無法達成他要求的生活習慣。明年我們就在一起十八年了，不知道該怎麼做……

去年我拿掉了小孩，他覺得不是他的，一吵架就拿出來說，我覺得很痛心，或許愛就這樣一點一滴的被磨光了吧？

一

回

難受那麼久、僵持那麼久、說要離那麼久，結果卻不想離，為什麼？為什麼大多數的婚姻都是這樣，不離大家都有很多無法呼吸的怨言，離卻是個懸崖，光是站在邊邊上就卻步了。

如果用形容詞說明你們各階段的狀況：婚前你們就是咖啡店情侶，婚後你們就是廚房的夥伴，如今你們各玩各的、是婚姻裡的獄友。

有沒有發現你們在一起的處境是壓力越來越大？你們共扛的責任大過你們的能力，這能力不只有金錢，

而是在扛起責任時能不能有同理心，沒有就會烙下寂寞的印記，滿心的印記的最後就會什麼都不管，連嫌棄的話都衝動的噴出。這都是壓不住的情緒，不要去計較，或許妳也對他說了不少這樣的話而不自知。

懸崖邊上的冷風會讓妳想到要不要分手，這時的妳也許要想想十八年到底對妳是什麼意義，是習慣已結痂，還是恩怨結得太深？是婚姻太寂寞，還是出口更是寂寞？

你們都不肯離婚不一定是愛得不捨，或是這個不願意分手是你們最後的機會，如果是機會，那就要有全部重來的打算。跟對方說，再給你們有期限的努力，比如一年，並立下一些新規定，例如進家門後不再有粗言粗語，不再提任何偷情的往事，甚至可以先簽好離婚協議書，誰要讓誰不爽就立刻遞出離婚協議書。

沒有這樣的決心，所有的猶豫都是拉長折磨的時間。

被錢打碎的信任

一

問

　　幾年前我被人倒債約兩千多萬，都是跟銀行貸款的。先生是務實的貿易商，他將財務大權交給我處理，公司負責人也是掛我的名字，所以等到對方跳票時，先生才知道我借那麼多錢給別人。

　　事情發生後，我保住了自家的不動產及現金，只是夫妻兩人在銀行無法有帳戶了，這是最令先生感到生氣的部分，因為他做的是日本生意，最重視信用，是後來用他姐姐的名字掛名，才讓生意繼續下去。

　　因為錢的緣故，我們之間的關係發生了變化。事發之前，先生還會趁我睡覺時偷親我；事發之後，我卻變得像過街老鼠一樣，兩人在辦公室一天說不到五句話，而我從此成了店員和砲友。

　　到現在過了快三年，我們之間越來越陌生，我煮完菜、吃飽飯就躲到房間，不問世事；對於他的事業我再也無心參與，反正決定權全都不在我身上，也越來越孤僻不願與人講話。先生高興時，會跟我說公司業

務的事，晚上只要他有需求我也都答應，他曾說過他既愛我又恨我，我也默默承受他的冷言冷語，有時還會自我調侃。

我們是戀愛結婚的，親友間都知道他愛我比我愛他多，但我最近都不參加他的家族聚會，因為怕又會有意無意被人「吐槽」，而他也三年沒回我的娘家了。雖然我的三個小孩乖巧又貼心，但我不是喜歡把重點放在孩子身上的人，常常都是孩子提醒我該為他們做什麼事，是一個糊塗媽媽，他們也習慣了。

以前先生對於家事並不太管，現在卻開始對我挑三揀四，我曾經對他說：「既然恨我，那不如離婚吧！」他都不敢答應。只是，這樣的日子我還要過多久？如果這種事發生在先生身上，我想大家都會原諒男人吧？而女人呢？

一

回

碗打破了，怎麼辦？信任打碎了，怎麼辦？關係回不去了，怎麼辦？也許妳那不敢回應妳離婚的老公，也和妳一樣在找一條出路，找一個不再想不開的處境。

一旦將那些被騙走的錢想成是他的工資，妳說他怎

麼能輕鬆放下？也許妳就要想他每次忍不住對妳嘮叨和酸語，都是他也在折磨自己的時候。他要面對的不只是錢，還有親朋的指指點點、銀行不給信用的壓力以及對妳的信任。這不是個說放下就放下的心結，需要智慧的指引，和妳耐心的陪伴。

　　妳說的沒錯，換成是男人，也許大家不會對他這麼嚴厲，但不嚴厲不表示對男方是好的，就像妳若把焦點放在這上頭，妳的心理不平衡加上他的心理不平衡就會變成大地震。

　　妳是一個大剌剌的妻子與媽媽，他是一個務實又很顧家的男人，你們的絕佳搭配就是欣賞不同於自己的對方，不欣賞就會形成對立，不退讓一切就變地獄。這個先生其實在等妳救贖，因為只有天塌下來都能微笑的妳可以給予他轉念的機會。

　　方法如下，從今天開始就施展出妳的魔法，妳就想：碗是妳打破的。跟妳老公講，妳願意為這個碗處罰自己一百天，每天都為老公做一件幸福的小事，比如幫他做微笑早餐、比如幫他按摩腳十分鐘、比如幫他送經典小吃給公婆……任何能讓他愉悅的小事一天做一點，連續一百天後若老公仍無法把心結卸下，妳就隱退離婚。至少你們都努力過的。

　　闖了這麼大的禍，不被原諒是可以理解的。關係回

不去，但妳盡力了，也是一種溫柔。

一

二回

放下罪惡感，重生妳自己（歸零重生）：

重生，意謂著放下過去，不再以定罪的眼光看當前的一切。面對重生，妳需要做的只是把自己歸零，像嬰兒般隨遇而安，用透明純淨的眼光重新感受這個世界。

無法真心原諒回頭的他？

——

問

　　我的老公有婚外情，才剛結束沒多久。我雖選擇原諒，但他的態度讓我感受到他覺得自己一點錯也沒有，再加上小三之前的行為太過分，已經侵門踏戶、打電話或傳簡訊謾罵，老公的態度也都保持沉默。

　　我不知道自己是不是真心想原諒他，因為我還是時常情緒低落到無法控制……

——

回

　　面對老公的外遇，妳有很多態度可以選擇，妳可以選擇結束婚姻，妳可以選擇報復，妳可以選擇寫書抒發心情，妳可以找來親朋當靠山要他立誓不再犯，妳可以用錢、用權治他，甚至妳也可以去跟他坦白妳也有外遇。

　　但妳選擇原諒，原諒的基本意思就是他有犯錯，而

妳判他無罪，留校查看。畢竟還是個罪人，所以這個疙瘩和疑慮是不會消失的，再加上小三的行徑瘋狂又惡劣，讓妳的氣哽在記憶裡揮之不去。於是只要你們相處上出現其他問題，這個陰影就會加倍籠罩在你們的問題上。

其實原諒都是調味調出來的假感情，騙的是自己不想原諒的心，而源頭是純白的新娘服被玷汙了，這樣潔癖的思維是很多女性去傳統那邊承襲來的。妳明明知道這個夢做得很不踏實，妳卻寧願冒著很深的傷痛的危險去做這個夢。

如果妳認為有一半的男人婚後很可能有外遇，如果妳還要給自己這麼高標準的期待，不是陷自己於不義嗎？

沒有原不原諒這件事，只有爽不爽再繼續這件事，要繼續就要開心又不記仇，不然妳就是替自己找麻煩。要他去記住那件事並有反省的心，只會讓你們更忘不了那件事，有什麼意義呢？

會把曾經的外遇變成卡住自己情緒的人，都是沒有能力原諒的人，要結束這痛苦的輪迴，請跟自己說：不要原諒吧！一個人過生活吧！

其實能從外遇回頭的老公，比起沒有外遇紀錄的老公要實在，因為後頭這位很可能是還沒爆發。不過，

對付外遇最好的心態是：不把男人當專屬，是把自己
當專屬，才能讓這男人可有可無。

一切都是我的錯？

——

問

　　我是個聽障者，老公是個正常人，我跟我的老公交往了十年，結婚一年多快兩年。婚前我們比較不會吵架，但是婚後由於夫家長輩的關係，讓我們吵架的頻率增加了很多。

　　原因是，他的姑姑經常向老公編派我的不是，誣賴我一些有的沒的事，造成老公對我的偏見，我想要跟他解釋，他卻聽不進去，而他也沒有站在我這邊幫我向長輩們說好話。另外是為了我的工作而吵，因為聽障的工作不好找，加上我們分隔兩地，老公和長輩們沒辦法體諒我。

　　一年多下來我心裡累積了許多情緒，老公的態度也令我覺得我失去了他的支持和他的肩膀，後來我一直默默的讓他誤會我，因為我再怎麼說也沒用，他完全聽不進去。

　　久而久之，心中的無奈及無助變成了身體的不適，我每天必須在中壢和宜蘭來回奔波，假日也無法好好

休息，得早起準備飯菜，搭公車送到大園的店裡給老公，真的很累，精神和情緒都變差了。我們始終吵著同樣的事，吵我工作的事、吵我娘家的事，我又不斷被夫家的人說閒話。

直到今年五月，我被送去開刀住院，那時候我就決定要放棄他、不想再爭執解釋了。有一段時間他一直努力挽回我，我還是冷漠無聲，他有兩三次想自殺被我阻止。但我觀察他很久，他還是沒變，還是認為一切都是我的錯，讓我好心寒。他說：「妳的眼淚是妳做錯事造成的，姑姑不喜歡妳，也是妳的問題，我沒做錯什麼，都是妳的錯，我怕妳被我寵壞。」我真的無法接受他這樣說。

當我想開之後，我決定要離婚，卻又覺得放下對方是很難受的事，我想了想，如果要放下他，就要忍痛放生；如果回到他身邊，他仍然會一直說是我的錯，一樣是很痛苦的事。最近他因為我提出離婚的事，對我很冷淡、很怕跟我吵架，也說如果我不提離婚他會比較好受。

他很喜歡以前的我，可是我並沒有變，只是心中產生了一些不平，他沒有站在老婆這邊想，只單方面認為是我的問題，是很沒有意義的事，也是很累的事。放下他，卻難過得放不下他，也認為他不愛我；很愛

他，回去他身邊怕既痛苦又要委屈求全，我真的不知
道該怎麼辦？

一

回

　　給自己一年的時間做努力的期限，這一年中的每件
事請往兩個方向改進：

　　第一就是為他做的每件事都要心甘情願，比如送便
當；第二就是不要怪婆家的人，就想雙方家人都處不
好是常態。如果連這麼簡單的調整都做不到，那就該
考慮離開這個痛苦多於舒適的關係。

　　這不是他愛不愛妳的問題，這是你們沒能力好好相
處的問題。相處不好愛本就會稀少，妳一旦過度解讀，
妳可能就會變成妳老公口中過度寵妳的人，因為妳很
會胡思亂想又消極抱怨，這樣的個性就是軟弱的依賴，
因此不愛妳是很正常的。

　　很累還不放手是為了什麼呢？是還不夠累，還是根
本無視累的問題？純粹是不甘心，不甘心以為可以一
勞永逸到永遠幸福的夢想破碎了。

不想離婚為何偷吃？

—

最近我發現老公的異常，也抓到他和她的簡訊。我堅持離婚甚至連孩子都不要，但男方不肯，他說他從來沒有要離開我的想法，但我心中一直想不透，既然這樣為何還可以外遇？

男方許下了保證，目前婚姻生活暫時恢復正常與平靜，可我在夜深人靜看著他的臉時，我知道我放不掉心中的情緒。要有多少愛、多少時間才能淡忘這件事？

—

回

當妳把妳的人生賭在一個人身上的時候，他打了噴嚏就會讓妳感冒，他有了外遇就會讓妳下地獄，這是所有傳統女性接受傳統全套觀念要付出的代價。

你們會這麼放不下、忘不了，都是因為你們接受了豪賭的遊戲，跟愛都無關。真要有愛，妳就會輕易原

諒他或容忍他，沒有什麼困難的，會困難都是因為沒那麼多愛可以原諒或盲目，只剩下戒不掉的習慣和旁人閒言閒語及糾纏在一起的責任和義務。

這個豪賭還有一個特色，就是會讓妳時時刻刻盯著他，因為這個賭注太大了，大到讓妳像看著每天的股市上下，不管是外遇造成的動盪、不論是失業引來的壓力，或是婆媳的問題、或是孩子的叛逆，妳越盡責妳就會越像個糾察隊長。妳都在害怕，妳都在擔心，妳沒有自己很久了，是這個什麼都不肯放的心讓妳變成今天的樣子。

即使妳要離婚連孩子都不要，這都是情緒暴衝的決定，不是妳的心意，妳的心意是想留下的，但妳不知怎麼釋懷。其實很簡單，只要妳開始學著放過每個家人，他們是妳最親密的陪伴者，不是妳的責任，妳的責任是讓他們獨立，不是依賴妳；沒有依賴，愛才會沒有那麼多不健康的期待。

老公說的沒錯，他就是沒想過要離婚才去外遇的，不然就離婚好了。這不是要給他機會，是妳要不要開始重新給自己機會。

除了忍,還能怎麼辦?

———

問

　　我試著想改善與老婆之間的相處模式,因為她總是挑三撿四、講話很酸,但我為了給小孩一個完整的家,只好盡量忍讓她。

　　可是我越來越害怕回家,甚至覺得回家就像在坐牢,整天提心吊膽,不知道她什麼時候會再爆炸,對我大吼、對小孩大吼。而且她只要不開心,就會把我們的大小事都寫在臉書上,讓我覺得很沒隱私,但不回應她,她又會覺得我不在乎她。

　　請問生活中漸漸被磨平的耐心與愛該怎麼補救?若分開一陣子會好一些嗎?

———

回

　　如果你問題的重點是如何補救,那麼你得先把你認為委屈的部分轉個念。當她還是對你挑三揀四時,你

就不能認為那是酸言酸語，你要去針對她說的挑三揀四中的問題好好改善，不然那就是你的問題。

既然想要補救，怎麼還要抱怨呢？抱怨的改善都不是真的改善，難怪你的老婆不領情。另外，你說為了小孩忍受她，可見你不是要補救你和她的愛，而是在搶救婚姻。當這個害怕越來越深，你就會越害怕回家，你甚至不會知道哪些該怕、哪些該不怕，因為你什麼都放不下的個性讓你怎麼樣都不對勁。

最後，她把問題寫在臉書上，你覺得沒隱私了，但誰會在乎別人家的家務事，誰不是有一堆跟你一樣難解的心事？就像你看了我臉書上其他人的問題，你不僅不會好奇對方是誰，還會認為大家的問題都差不多。

好了，不是要你把所有的問題都吞下，是要你清楚你的戰場。這次你的對手是你那敏感又易受傷的自尊心，只要你記得在你的王國裡，你這位國王的任務就是捍衛家人，不僅要保護他們的生命和生存，也要他們樂居。

你們沒缺愛，你們是不知道怎麼讓對方感到舒服，你們都沒要分開，只是快樂需要有人先學會禮讓。如果你能取代臉書，讓她在你的胸膛猛捶出氣。

當背叛成了陰影？

—

問

　　我跟老公交往六年、結婚一年，結婚前他曾經偷吃，而我原諒了他，但婚後半年他卻外遇了。被我發現後，他簽立了切結書，也一再保證不會再背叛。

　　原本我以為自己可以原諒他做過的那些荒唐事，可是事情發生到現在四個多月了，我對他還是心存懷疑，甚至開始質疑自己當初嫁給他，到底是愛他？還是不甘心？

　　老師，我該用什麼方式和心態，讓自己走出被背叛的陰影？我不想一直在這個漩渦裡打轉……

—

回

　　其實妳的背叛，是妳背叛自己。而這個背叛，是為了延續自己對這段獨占的關係的依戀。

　　妳有想過，妳的原諒是怎麼樣的原諒嗎？是不得不

原諒，還是知道這個男人要做到不偷吃太難？如果原諒的方式只是硬邦邦的尺度，那這個原諒就會變成越來越沒用的標語，一如「吸菸有害健康喔！」

要走出背叛的陰影，妳就必須戒掉對忠貞的需求。妳可以告訴他：從今天起妳不再期待他忠貞了，妳已不想再當那種只有妳在遵守遊戲規則的傻瓜，沒有期待，就會漸漸沒有愛，請他看著辦。

對付另一半的背叛，只能拿出誠實的態度，就是讓他深深知道妳可以什麼都不在乎，讓他明白妳的心裡沒有原諒、只有堆積，當痛心堆積到受不了時，妳就會丟下一切離開。不要再用那種假原諒，看在另一半的眼裡都是可憐人的無路可走。

既然都是漩渦了，不打轉的方法就是離開漩渦；怕離開漩渦，背叛的陰影就會如影隨形。

女人的責任總比男人大？

——

問

　　想請問，若婚姻不是一種責任，孩子總是一種責任吧？若婚姻可以因為不愛了而離開，但孩子不行吧？

　　為什麼孩子的責任大部分都壓在女性身上呢？男人可以愛怎麼工作就怎麼工作，女人工作還要煩惱三個孩子的接送及去處；男人可以愛幾點回家就幾點回家，女人就是急急忙忙回家處理嗷嗷待哺的孩子。

　　而且，女人還要擔心生氣會讓男人越來越遠，還要擔心身材走樣會讓男人抵擋不了外界誘惑。這樣女人的壓力不會太大嗎？這樣女人該如何自處？

　　兩方角力的下場不管誰贏，首先輸的一定是孩子。

一

回

　　婚姻裡有很多責任。真要負起責任，就不要把所有責任綁在一起，最好能單項獨立負責，否則很容易因為不甘心而什麼責任都負擔不了。

　　很多婚姻是離開了以後，孩子的責任都有執行，反而很多為了孩子不離婚的人，因為長期讓孩子待在父母不合的壓力中，精神無法清淨，物質也因為爭執而擺爛的。說穿了，要不要負責跟心態有關，跟離不離婚無關。很多為了孩子不離婚的人，都是因為自己選擇了有家庭對孩子才好的觀念，不是真的為了孩子好。真要為孩子好，早就會嗅出孩子在冷漠的父母感情下的不安。

　　女性的責任為何會大？是女性的執著太多，一戀愛就忍不住要為對方做盡一切的執著，家務事一開始就要拿來做的執著，想要依賴男人給予一切安全感的執著，不能沒有孩子的執著，不甘心的執著……太多太多的執著就變成妳所謂的負責任。責任都是自取的，不是別人給的。

　　走進婚姻後，又怕東怕西，這些怕都不是別人恐嚇妳，是妳認定了那個標準才怕的。妳以為保持瘦就能

保住婚姻嗎？妳覺得男人的小三有幾個條件勝過老婆
呢？妳怕的都是妳的在意，而且是過時的在意。

　　不要管男人怎麼想了，沒有婚姻責任最小，只要管
好自己就好。相不相信，當妳在妳老公面前説出上面
三句話，並真心做到，妳的老公只會更專注的愛著妳。
因為緊張兮兮的人是不會有魅力的，而且妳的那些執
著也是在提醒妳愛的人：「你不用再對我好了，我是
趕不走的。」

發現妻子外遇，不知所措

問

老師，請幫幫我。

我的妻子外遇了，我該怎麼做？

回

外遇發生被爆出後，對於被告知的你來說，一定是青天霹靂。就算你們的感情已冷淡很久，也會突然的回溫，但這溫度不一定是感情，很可能只是財產被剝奪的痛或一時的不習慣。

很多人以為外遇是感情問題，以為有了外遇就該立刻積極的去經營、去溝通、去挽回，其實都不是，外遇發生時你最該面對的問題是：你有沒有辦法獨立？萬一你的另一半不回頭了，你有能力面對嗎？

這次是來測驗你有沒有過度依賴婚姻，有沒有因為外遇發生就整個人生崩潰。如果答案是沒有，你才有

能力處理你婚姻裡的外遇問題。當你有獨立的能力，這個外遇傷到你的部分就很有限；如果不是，那麼這個外遇只是突顯你的病態依賴，並非凶手。

這是個女性外遇的時代，因為她們的經濟獨立了，只是身為男性的你會非常不知所措，因為沒有好的範本讓你們依循。所以建議如下，盼能幫到你：

想要挽回就要先找到同理心，尤其是女性對感情的執著，就先跟老婆說：你能理解愛情的力道，也明白要再回去的困難，但你仍期盼一起走下去，如果不行，你也願意溫柔成全。

以上，不管多難，你都要做到，她才有回頭的紅地毯。這樣才能證明你值不值得她回頭愛你，不是嗎？

婚前出軌，影響婚後生活？

—

問

結婚半年多，婚前發現先生在外偷吃，我試著聯繫外面偷吃的對象，一一證實了他們的背叛行為。我深感痛恨，當下的想法是：我又不缺他這麼一個男人，疼惜我的也不是只有他一個人，我只是把機會給了他而已。真的很想就這樣算了，但礙於已有婚約的狀況下，最後還是選擇原諒。

現在的我仍然很愛先生，卻愛得毫無信任，我的每通關心電話都成了別有用心，他說的一字一句我沒有完全相信過，他的每句話我都有所質疑。

我不曉得我的原諒是對還是錯？有時候看著他，我的心裡還是很難過，深怕又再次被傷害。我試著選擇不去關注他、在乎他，但我最後還是輸了。

我到底該怎麼做，對婚姻才是好的呢？

—

回

　愛需要信任來支撐嗎？還是人的愛本來就不是拿來信任的，而是拿來享用？信任的真面目其實是懷疑，懷疑這個突如其來的熱吻是不是懷著偷吃愧疚的心。越重視信任，妳就會越用力懷疑，所以信任是愛情的憲兵，常常出現會殺光你們之間的浪漫。

　懷疑真的要有本事，要有能力在長期痛苦下放手，要有知道真相的能力，要能消化，不然妳只是費盡心思抓到魔鬼並跟魔鬼擠在一個悶死的關係裡。這樣的信任對妳就是扇通往地獄之門，這也就是不要妳在乎信任的原因。妳越在乎，離信任就越遠。

　信任不是瞎了眼的相信，信任是因為明白人性並不完美，所以信任之前，要畫出信任的底線，更要有損失的準備。選擇原諒，妳就要有選擇原諒的態度，這原諒不是赦免他，是不要讓自己跟他一直對立和猜疑。這裡的原諒講的是遺忘，忘記不好的，只記住好的。同時也調整一下和他的關係，只要愛他的部分，其他妳不要過度介入和負責。

　也許妳覺得那為何還要結婚？這就是幫不想離婚的人想的另一種可能。

不依賴的自信

怕單身的人都不是渴望愛，
都是渴望依賴。

害怕一個人過

一

問

我不知道這是不是自己的問題，自從分手之後，我一直走不出來，同時也發現，我跟家裡的關係十分疏離，回到家都是獨自關在房間，如果與母親太過親密，我會覺得很不舒服。

而且我三十二歲了，朋友們都結婚了，變成假日只能一個人過，也很害怕假日的到來。是這個原因讓我很重視愛情嗎？因為分手到現在半年了，我還是放不下。親情、友情、愛情，我哪一項都沒有，我是不是生病了？

一

回

妳真正的問題不是分手後走不出來，也不是和媽媽處得不舒服，更非朋友們都結婚了、妳只能一個人過。而是妳以為人生就是一條輸送帶，把妳帶到某個年紀

之後，就該將妳裝罐銷售。一旦相信這樣的過程，就難怪會走到今天的狀況，妳已經把妳的心情上架了，卻沒有人來將妳買回家。

　　一個會在分手後走不出來的人，大多是在這段感情裡抱著太大期待的人，因為妳沒有分手的打算，所以才會在還不太了解對方的時候，就把自己的心整個清空，等著裝進對方的全部。

　　說穿了，妳急著的是結婚，不是愛，因此沒有愛了也不會離開，妳只是想要一個關係罷了。或許妳會問，既然沒有愛，怎麼會傷心、怎麼會放不下？是啊，因為妳傷的不是感情的心，而是失去一顆期望的心。

　　妳放不下的是那個已婚的身分，不僅能讓妳脫離相處不融洽的媽媽，還可以跟已婚的朋友平起平坐，甚至能填滿妳空洞的人生，這樣的關係確實會讓妳生病。妳可能無法察覺妳的單身生活是很愜意的，也無法察覺妳的已婚朋友可能都在羨慕妳假日不用忙著帶小孩。

　　或許妳該搬出去一個人住，才能看得見媽媽的溫暖。先拋掉一定要結婚才會幸福的想法，想想只有妳一個人的話，妳能過得好嗎？要擁有這種可以獨立的能力，妳才不會在分手後感到極度空虛。

渴望自由，就不需要愛情？

───

問

我最近很驚慌失措，甚至想要去看心理醫生。我交過幾個男友，都因為我喜歡自由自在、不受人控制的生活，時間久了就不想跟對方在一起了。

再加上，我的媽媽曾經對我說：「不會有一個人愛妳一輩子。我是妳媽，看妳二十年都偶爾會覺得膩，更何況是一個沒把妳生出來的人？」所以我總是認為，既然這個人不會愛我一輩子，那我為什麼要跟對方在一起？

我渴望自由的個性，導致我變得不再需要愛情，看見那些閃到爆炸的情侶，內心就會想：看你們能好多久！我覺得我不需要人陪，一個人就開心到不行，只是我最近已經憤世嫉俗到無可救藥的地步了，我真的不知道該怎麼辦？我是不是應該去看醫生？

一

回

渴望自由和需要愛情是衝突的嗎？也許這才是妳該面對的問題。不管是媽媽跟妳說的觀點正確，還是這時代主流的觀點正確，妳的人生都要妳自己去實驗、去體驗、去發現。

妳會越來越愛上自由，就像妳忙碌到一個程度就想旅遊一樣，不是有什麼道理在支撐，而是愛本來就該服務人的真心需求，否則愛一旦變成責任、變成榮譽、變成炫耀，愛就會變質成什麼都不滿足的狀態。當妳想要忠貞，就會引來猜疑；當妳想要安穩，就容易失去安全感；當妳想要永遠，永遠就顯得更遠；當妳想要遠離那些妳擔憂的心情，那分執著很可能就會變成警告標示恐嚇妳。

妳的媽媽說，不會有一個人愛妳一輩子，這是個很可能的假設，但不是像妳這樣解讀。要人愛妳一輩子不是靠期望、不是靠發誓，而是妳要有一輩子讓他愛妳的魅力。當然這很費勁、很費事，而且有必要把自己的人生全投注在一個人身上嗎？當他不再愛妳的時候，人生就完蛋了嗎？

希望妳現在愛的人一輩子都黏妳、愛妳不一定是什

麼好事，有可能是一輩子的壓力。不去期待一輩子的
最大意義是，別讓自己一開始就愛得上癮、就立下太
過夢幻的目標。愛不是用來永遠的索求對方，愛是個
路人，每天都有不同的樣貌讓妳發現，妳不用心去認
識，這個人就可能一天天變得陌生；當妳對這個人只
剩下擁有，這種擁有就會像妳的媽媽所說的那麼可笑。

　　想去看醫生就去跟醫生聊聊。人們對愛情和婚姻的
討論大多很片段又蠻橫，總是抱怨又不知深刻檢討並
改善。看到別人的感情或婚姻好不了多久不見得是壞
事，該分的時候能分得開，該在一起的時候懂得珍惜，
相處的時間長短，並不代表這段緣分是否適合。不適
合在一起的時候溫柔收尾，適合在一起的時候不要貪
婪、不要想控制，才能讓一切都值得。

不愛的人苦苦糾纏，
愛的人反而想逃

——

問

　　我是個離婚快滿十年的失婚女子，三年多前我曾和一位有婦之夫交往，不久後就有了他的小孩，但因為他罹患了癌症，導致他沒了工作能力，我便毅然決然拿掉小孩離開他，是以我單方面不聯絡的方式分手的。

　　後來我再出來工作，在工作場合認識了從事汽修業、年齡差三歲的他。他是個不錯的男人，可是個性上太懦弱了。剛在一起的時候我很開心，日子也過得很幸福，一直到罹癌的他出現，說不甘心我離開他，想盡方法要找我和汽修業的他的麻煩。

　　起初從事汽修業的他願意陪我面對，但隨著事態越來越嚴重，汽修業的他表示無法再與我一起處理。我們時常意見不合，加上他怕事情會讓他的家人知道，便選擇讓我獨自承擔一切。那時候我的身體也經常病痛，沒心力再理會罹癌的他。

　　最後我和汽修業的他分手了，我覺得他是個沒擔當

的男人，罹癌的他的糾纏是一件小事，他卻要我自己
向對方說清楚，等事情解決了再和他繼續交往。雖然
我們在一起只不過短短三個月，卻讓我感到很受傷。
現在就算兩人碰面，他也不會和我打招呼，難道我在
他的心目中只是個麻煩的女人，連聲招呼都不願意打
嗎？

一

回

　情義是很揪人心的，理智上不該繼續下去的感情，
因為情義兩個字，反而變得複雜。或許是因為沒有結
婚的打算，或許是因為妳遇到了已婚的男人，妳反而
更在乎情義，也懂得理性看待問題，但感情不是單方
的理智就能推動。

　妳的情路不是坎坷，是有點不知方向為何。是想要
安穩，還是要知心？是想要結婚，還是要單身？在身
心俱疲下，還要纏繞那麼多誤會，有人退場妳還上前
糾纏，妳怎麼還有力氣去管他離開後心裡怎麼想。

　妳的故事很沉重、很複雜，但妳的提問卻很無厘頭，
妳的麻煩是妳看不到每個人心底真正的問題，一個要
妳向前面的那個人解決清楚，一個要妳向他解釋妳的

無情離開，這兩個問題都不是感情問題，都是妳處理不當的問題。

都放下吧！學習回到原點，方向清楚的好處是交通秩序良好。

鄭重跟罹癌的男友道歉，讓他明白當初會這麼做是怕給他壓力，更怕彼此心軟而生下小孩。總要有人理智，畢竟妳是小三，妳會希望在這麼艱困的時候，讓他單純的回去擁抱家庭的溫暖。如果他還聽不進去，就再次道歉，請他原諒妳沒有細心體會他的感受，但絕無自私之意。

至於另外一位，不要立刻去挽回，或許先讓自己清靜一段時間，看看沒有誰在身邊的日子，妳有沒有辦法過得好。如果沒有，就繼續單身，因為怕單身的人都不是渴望愛，都是渴望依賴。

為何給不了安全感？

問

　　最近跟男友有一些激烈的吵架，是關於安全感的問題。老師，您認為什麼是安全感呢？

　　事情是這樣子的，我發現男友仍和前女友有聯絡，但令我傷心的是，他完全沒向對方承認有我的存在。之前他出了車禍，他對前女友說：出事當下他滿腦子裡都是她，還說會永遠等她回到他身邊……

　　我不知道該怎麼辦，我想好好溝通，可是他一直氣我偷看他訊息，不願意跟我溝通這件事。我明白偷看是不信任的開始，但他不對勁我也感覺得到，所以我才覺得心慌，因為不曉得他對我隱瞞了些什麼。

　　男友在爭吵的時候問我：「什麼是安全感？安全感能吃嗎？妳想要我怎麼做來滿足妳所謂的安全感？」他三十四歲，我二十三歲，我真的不懂，難道真的是我意氣用事嗎？為何我們之間的溝通出了這麼大的問題？

一

回

問題就出在妳愛他的寄望是沒有回頭路的,他一出問題妳是沒法離開的,所以妳的底線是假的,那又為何要偷看手機?看到他對妳的三心兩意,妳卻無法堅定離開他。

很多女生跟妳一樣,不管幾歲,愛上一個人之前都有很多底線:不能偷吃、不能不負責、工作收入不能不穩定、要溫柔體貼、不能有暴力、要愛孩子等等。這些底線像是貪得無厭的信徒無盡的索求,只是許諾,卻無方法,一旦出事,只是節節敗退。

說到底是妳用愛情騙了妳自己,還是他騙了妳?是妳在底線不堅持,還是他壞了妳的底線?想要從這個底線重新建立、重新活起來,妳就必須硬起來,沒有這個男人還有下一個男人。這世界最多的例子就是告訴妳男人很多,很少一輩子只遇到一個男人的。

妳告訴他,這就是妳的底線,妳向他道歉妳偷看了手機,不過也是這個鬼打牆的行為才讓妳發現真相,妳不想活在不安的恐懼裡,請他離開妳的世界。而所謂的安全感,就是當妳有恐懼的時候,他有能力幫妳一起奮鬥消滅。

　　這次的戀情是個考驗題，考驗妳的傲氣還在不在，沒有傲氣，妳的男人就是會在妳心裡有黑洞後冷漠以對的人，甩了他，去救妳的傲氣，若做不到，請學習傳統那一套的忍氣吞聲。

搶來的，終究會被人搶走？

問

　　我是一個大三生，我的前男友曾經是我好朋友喜歡的對象，但他們只是曖昧並沒有交往。那時候他們常常吵架，兩個人都會找我訴苦，後來男生越來越喜歡找我聊天，我竟也在不知不覺中被他吸引，於是我跟好朋友鬧翻了和他在一起。

　　在交往時我們住在一起，可是我卻沒有被愛的感受，我覺得果付出越多，他愛我的可能性就會越大，所以我每天為他打理三餐、洗衣服，能做的我都會做。我以為給他自由、不給他束縛，他就會永遠不離開我，就算他玩到早上才回來，我也不會生氣。只要他快樂我就滿足了，即使自己過得並不開心，也快忍受不了他的不在乎。

　　直到有一天我感覺他怪怪的，便打開電腦來看，發現了他跟班上女生的聊天內容，女生說著他們一起出去的事，而他對女生的甜言蜜語也是從未對我說過的。沒想到我一直深愛的、一直很信任的那個人，竟然會

背著我做出這種事，那種痛真的好痛！我想起那個女生每天都會笑笑的向我打招呼，難道她心裡正在笑我傻嗎？

我真的很愛很愛他，但我覺得每天為他買飯洗衣、打理一切的自己就像個笨蛋，更無法忍受他一邊這樣對我，回到家裡卻又抱著我。我提出了分手，原本以為他會挽回我，但他一句話也沒說、沒解釋就離開。為了保護那個女生，他把我說得很不好，又因為女生編的謊而誤解我是會到處說人是非的人，我真的對他很失望，原來在他心中我是這樣的女生。

每天我都得面對同班的那兩人，而他們也從未顧及我的感受，在學校出雙入對。我不想讓他們看到我難過的樣子，一直裝得很堅強、很開心，可是我的心仍然隱隱作痛。

為了他，我曾經失去一個朋友，現在有人用同樣的方式奪走他，這就是大家說的「怎麼得到就會怎麼失去」吧？這應該是我的報應。我真的無法釋懷的祝福他們，甚至想看見他們過得不好。我知道自己應該往前走，不應該再注意他們了，但心還是好痛……

一

回

一開始，妳的愛就走味了，所以他完全沒感受和珍惜過妳，也是合理的。

愛是因為缺乏而被需要的，沒有欠缺的時候妳丟給他愛，他沒拒絕妳，就已經是在成全妳。因為是妳比較渴望付出，他並沒有渴望接受。

妳什麼都替他做盡，弄得他什麼都不欠缺，是妳的失敗。這也是無數大老婆進入婚姻後，一代代都紛紛敗退的原因，她們都以為這些苦勞能換取先生的慰勞，當然不可能，這可以從孩子也一樣不領情知道。是妳拿走了妳愛的人的欠缺，他和孩子若不珍惜，都要怪妳。

妳說：當妳發現自己一直深愛的、一直很信任的那個人，竟然會背著妳做出這種事，那種痛真的好痛。其實這也是妳偏頗的幻想。

妳哪有信任他？妳就是不信任妳不替他做那麼多事他會愛妳，才做到抱怨，不是嗎？妳不信任自己、不信任他、不信任愛，所以妳總是用錯方法去抓緊愛、討好他，忘了自己。

能盡早斷了這一切是很必須的，因為妳現在是最沒

有自信的階段，這時候出招只會有反效果。不如清心寡欲一陣子，把這次的失敗想成是試菜。談戀愛首重真心感受，以後別再想用方法讓愛固定或永久保存，那些都是枉費心力，因為愛只能感受不能擁有。人呢，是擁有以後很難一直享受。這些都是妳要重新經歷的學習。

別怪他，別怪他愛的她，他們越相愛，越能堅定幫助妳離開。

不愛了，怎麼也留不住

━

問

　　老師您好，很想請您救救我。我已經懷孕四個月了，我和男友都想要一個寶寶，也有在談結婚和未來的事，我們不是為了小孩才結婚的，而是覺得彼此十分相愛。

　　可是這陣子我跟男友之間因為很多小事鬧得不愉快，也常常爭執，想改善卻一直找不到好方法。他跟我說他要冷靜一陣子，我也同意了，但我發現他說他去工作，結果是跟前女友去飯店過夜。

　　看著他說話的樣子，我突然感覺很陌生，我很平靜的跟他談，他說我們太常吵架了，不知道能走多遠，而他心裡也愛著前女友，然後前女友說她也想跟男友在一起，但是沒把握。

　　他說他沒有不愛我，只是最近沒有那麼愛了，而他想跟前女友在一起。我只覺得腦袋突然一片空白，覺得阻止不了想走的人，就沒有求他一定要跟我在一起，但他的話一直迴盪在我腦海裡。

　　我對他說：「既然你想跟她在一起，你們就在一起

吧，我們就分開。」他問我那寶寶怎麼辦？他沒有不愛寶寶，可是他的行為已澈底的傷害了我，而我絕不是為了綁住他才要小孩的，是因為我真的很愛孩子。在他載我回家的路上我才哭了出來，最後也只跟他說我尊重他的決定，那是他的選擇，我們都是成年人了，知道自己在做什麼，他便開車走了。

　　雖然他一直說：「我又沒有跟她在一起，我也沒有說我一定會跟她在一起。」只是這些話我再也不想聽。回家後我完全崩潰了，我一個人沒辦法給孩子很好的環境，也沒有很多時間可以照顧他，我父母說一個人帶孩子很辛苦，所以我決定和這個男人澈底分開，並將孩子拿掉。

　　這件事讓我哭了很久，我很心痛，是我沒能保護我的孩子，但為了以後我只能割捨……我突然感覺好茫然，腦海裡不斷出現他們開心的樣子。老師，我應該怎麼走出這個死胡同？在某一個當下，我真的真的好想結束這樣的人生。

一

回

　　妳能寄出這封信，代表妳真的比自己想像中要堅強

許多，這份堅強不是強壓的，而是妳做對了一般人很
難做對的事。

　　首先，妳能在聽到這個沒程度的男友的唬爛後，沒
有進一步去罵他或挽回他，就是個很有智慧的人的思
維。妳能平靜的接受這個事實，就保護到妳的孩子免
於受這樣的爸爸的凌遲，妳也停止了以後寄望這個不
會改的男人會悔改。

　　避開了這兩條死路後，妳不僅節省了生氣的力氣，
也找到了沒有他會更好的自己。妳終於回到了家裡。雖
痛雖怨，但並沒有付諸行動，可見妳內心的素質是非
常強大的。

　　這一課是很難得的，沒有擊斃妳，也許妳就脫胎換
骨了。當然也不要浪費時間恨他，爛人離開值得慶祝，
只是另外那個女生要倒楣了，因為爛人到哪裡都只會
更加的爛才能生存下去，一如吸食毒品般的追尋著爛
的刺激。

　　他們現在不是在開心，是在走往一條沒有肩膀扛起
任何人與愛情的不歸路。

要不斷偷吃，
才能維持正常婚姻？

——

問

　　和先生結婚快四年，有小孩一個近兩歲。先生是外國人，先不說文化差異上的問題，那是小事，生活習慣和價值觀、道德觀才是磨掉婚姻的利刃。

　　他有習慣性出軌的問題，他說無法克制自己去和女生聊天甚至曖昧，生活中有機會能見面就見面、或甚至發生關係，但他也保證不讓自己這個部分影響到我們正常的家庭生活。

　　是，我們的家庭生活算正常，我的態度也從無法接受到只要你不是偷偷摸摸、你跟我說一聲，我就當作是聽聽別人的八卦過去了。可是生活上瑣碎的事情，若我有做得令他不滿意的地方，他卻不能睜一隻眼閉一隻眼，也不是刻意挑剔，但總有不完美的地方，他就要說上一兩句。我在意的點是，我都容忍這麼多了，也扛起家裡這麼多責任，難道一點點的讓步他都覺得難嗎？

　　我們分隔兩地了一個多月，我請他想清楚他要的是什麼，他跟我說他還是想要老婆小孩，於是我帶著小孩到國外跟他過日子，可這些生活的小事上還是一直產生摩擦。他覺得因為這些摩擦，所以他需要和「外面」有所聯繫，才能繼續跟我維持正常的關係。我是一個全職媽媽，在國外住在荒郊野外，沒有交通工具或經濟能力。當他去「外面」處理我們的不良關係時，我又該如何處理我們的不良關係？

　　最後我們覺得，分開或許是最好的決定，但我們還有小孩，我了解父親的角色很重要，只是我不願相信這是讓我放不下這段婚姻的主要因素。我非常有信心小孩可以跟我過得很好，內心深處卻是如此糾結和放不下，覺得我們可以度過這個關，又覺得再不放手是在浪費彼此的時間。

　　想請問老師，您覺得選擇放下，我們是不是比較有機會快樂？

一

回

　　其實你們當朋友非常適合，因為你們對彼此都有很深的感情，只是沒有了愛情。但愛情只是一坨屎，是

寂寞的人狼吞虎嚥後拉的屎，拉完了，他就看到了妳的重要。人人都需要一個沒有愛情亂掉的窩，否則睡不安穩。

比起妳對他外遇的寬容，妳覺得他對妳太過挑剔，要解決這個麻煩，妳可以跟他學，用他的態度和標準對付他。妳跟他說：婚姻要嘛要公平、要嘛要體貼，我們既然都做不到全套的體貼，不如妳來配合他，從今天起，妳不勉強他任何事，他也不可以勉強妳，比如他外遇妳不勉強他戒掉，所以妳也會試著從別的人身上尋找煩悶婚姻的出口，而且不限性別。

為何這麼做？也許你們都該學學什麼是同理心，也許妳外遇後妳就會知道外遇對婚姻的好處是什麼。其實真正的溝通不是只問妳想知道的部分，而是別急著否定對方的需求。傳統的感情觀會江河日下不是沒有原因的，那種只有否定或接受的二分法，以及根本無法放下的心態，才是痛苦的兇手。

妳的弱點是不獨立，沒有獨立，妳根本沒有籌碼，人一生寧願餓死，都不要只剩依賴。

以死相逼，仍換不到自由

—

問

　　我的老公是個年紀大我十歲的人，結婚後我成了家庭主婦，雖然他很疼我，卻也總是對我保護過度，不肯讓我學開車，連我過紅綠燈都會擔心，也不肯讓我去念大學。

　　在結婚三年時我曾對他提過離婚，原因是他回到家不肯跟我說話，說是工作壓力大想放空，他不與我親近卻又不跟我離婚，所以我開始失眠。後來我太無聊了，不想整天待在家裡帶小孩，想外出工作，老公也幫我安排了一家大公司的作業員工作。我的異性緣很好，但他不喜歡我交友的方式，我只好辭職，接連換了幾個工作。

　　我只想有個可以聊心事的對象，難道有錯嗎？我沒有跟他們做親密的事，只是聊得來就被稱為外遇。可即使我說我愛上別人，他仍不願意和我分手。目前他一直想改變自己的脾氣，想跟我好好的當夫妻，於是去了教會，改變脾氣、改變愛我的方式。這中間經歷

過我好幾次的輕生，狀況才比較好一點。

現在我有份穩定的工程師工作，因為先前他得了肝病，終於知道家計不能光靠他一個人。原本我覺得他去教會也沒什麼不好，至少沒有那麼愛發脾氣，但他幾乎天天把耶穌基督掛在嘴邊，去服侍、去唱詩當招待，小孩也和他去受洗了。我不喜歡去教會，我去過一次，感覺非常不自在。

雖然老師曾經說過：愛不需要黏在一起。但我覺得我跟他之間心的距離還是很遠。他太過熱衷宗教活動，心思大多都在別的事情上，回到家累了就想睡，我下班也累了比較早睡，幾乎講不到幾句話；而且我們放假時大多都分開，沒什麼共同活動。因為這樣，我們的心靈沒有什麼交流。先前他和教會裡的指揮小姐有用臉書聊天，他說她在幫他分析心事，這件事也讓我心存芥蒂。

我們之間是缺乏心靈層面的愛嗎？所以我們才會都在向外尋求協助？他不肯離婚，卻對我的交友情況過度敏感，這也讓我非常難受。我該怎麼辦才會比較好受，才不會再有絕望輕生的念頭？目前我們結婚十年了，我還是很想離婚，還是覺得過得很痛苦。

一

回

　　沒有交集的兩輛車在一條漫長的車道上同行，失去了交談、失去了互補，只剩下無語的彼此牽絆。

　　為何他那麼想抓住你們之間的關係？為何他那麼不懂妳要的被尊重？為何他不放下已輕生幾次的妳？其實妳的老公也不知道他要什麼，他甚至以為他該給妳的都給妳了，他不知道為何他遵照了程序作業後還會出問題。

　　所以他求助了教會，所以他把所有希望都交給了教會，他還覺得他可以幫人解開問題，似乎有了重生的感覺。他就是這麼駕駛自己的人生，他總是相信主流價值的步驟，儘管那些步驟並沒有告訴他真正的意義。這樣的老公和老婆不是少數，妳知道嗎？

　　這樣的夫妻的特色是，他們都在扮演罐頭式的角色，老公以為賺了錢拿回家和每天回家吃飯睡覺就是完美老公的八十分，老婆以為做了家事和專心帶小孩和犧牲其他事就是完美老婆的八十分，剩下的二十分，也就是夫妻之間很重要的愛情，其實都是空白的居多。為什麼呢？因為他們知道光是得到那八十分就已經超出他們的負荷了，如果對方還要來個沒什麼新意又充

滿限制的關心，不如不要。

　　於是在很多家庭都是這樣缺乏營養的共同認命下，誰想再多要求，好像就是誰在找麻煩，好像就是不安於室，好像就是背叛道德。

　　妳要的人生其實很清楚，並不是貪得，也不是無理，甚至是很重要的、人生的基本需求。被尊重，本來就是靈魂的土壤，沒有這個土壤，一切都是無根的擁有、都是飄泊。

　　從妳的故事來看，應該有不少人會勸妳為孩子忍一忍，有的人還會很變態的告訴妳：有這樣的老公不錯了。這世上有很多幸福都是革命出來的，不是好好講道理就可以得到，就像他要看到妳輕生幾次後才願意退讓，這不是很殘忍嗎？如果妳的女兒生活在這樣的狀態，妳也是勸她咬著牙關乖乖回去嗎？選擇認命以前，可以做最後的奮鬥，找律師或專家把妳的意願提出來，看如何做才能讓對方變得比較理性聽取。

　　妳的堅決是關鍵，但不要再用輕生的方法，別忘了妳是為了要更好的人生才這麼做，如果他還要這樣自以為是的折磨妳，就告訴他：如果還要這麼不尊重你的老婆，你的老婆可以連孩子都不要的離開這個家。

　　不接受他的恐嚇，妳才能好好做人，這也是妳該給孩子的榜樣。

沒錢養家還去援交？

———

問

　　老師，我想離婚！

　　結婚快二十年了，他的經濟老是有問題，有收入卻總是入不敷出，家用、小孩開銷大多是我在支應。時間久了，我心中開始積怨，但為了家庭和小孩，我覺得相安無事就好，只能忍氣吞聲，勉力維持著婚姻。

　　但上週我無意中發現他援交，不是故意看他手機，是代接小孩來電剛好看到 Line。從內容看，他是老客戶了，我甚至大膽假設這是二十年來的習慣。說真的，當下我滿平靜的，似乎只是印證我原先的猜測，雖然感情漸淡，但都還是同床共枕，持續親密關係。

　　老師說的人性我懂，令人氣憤的是，他沒錢養家還去援交，這一點很可惡，這可以原諒嗎？

　　我並不依賴他，而且我的小孩也大了，我自覺可以離開他。但是一想到家人、朋友、同事和社會的眼光，又怕離婚就代表我遺棄他，他會過得很糟，因為我一直把家、把他照顧得很好。只是，我還要留在婚姻裡

繼續懲罰自己嗎？

一

回

　　如果妳真的覺得留在這個婚姻裡是懲罰自己，那就不該留。但若不是這樣呢？

　　也許有人會說為何要和這個沒用的人持續下去，他既負債又援交，總讓妳在收支平衡邊緣壓力著，雖有親密關係，也只是一種習慣。這麼辛苦、這麼忍辱是為了什麼？

　　其實婚姻有很多價值，光是挺過千辛萬苦就是種驕傲，也許這個人在各方面都讓妳失望，但妳知道是他無能為力，不一定是沒有意願。人在長期失志的時候，從援交裡找到逃避的出口，是最簡便的懦弱，這點妳並未有太大的不舒服，妳只是氣他沒在這消費上多替妳和孩子想一點。

　　眼看孩子大了，妳的前景越來越輕鬆了，從奮鬥裡成功挺過來的人總是比較有能力寬容。這個老公是老天特別為妳精挑細選的，不會把妳寵成什麼都不會的貴婦兼棄婦，並讓妳學會獨立撐起一個家的韌性耐力。沒有他的無能為力，妳可能會變成依賴成性且沒有自

己的妻子，這是妳必經的經歷。

　　恭喜妳統統過關，獎賞就是讓妳在這麼重要的抉擇時刻，給妳主導權和選擇權。是的，有能力給予的人總是富有，有胸懷原諒的人最得溫暖，有能力吃苦的人怎是懲罰，妳欠缺的只是那麼一點點自信。

　　不要羨慕那些老公會拿很多錢回家的太太，多了錢、少了尊嚴有什麼意思，妳照顧妳老公照顧得很有成就感不是嗎？好好相信這個成就感，最好的人生永遠是自己創造。

沒有結果，何必回頭？

━

問

我和男朋友從交往到認識將近三年，可以說我大學三年的生活裡都有他的陪伴。

他是學長，在他畢業前我們曾經分開過一次，因為他覺得要畢業了加上個性不合等原因才跟我分手。後來我花了半年的時間調整，讓自己走出來，雖然中間還是偶爾有聯絡，但就是普通朋友的關係。

就在他要當兵時，他突然又跟我聯繫，說他之前其實不是真的要和我分開，好幾次想復合可是又打消念頭。於是我們選擇重新在一起，起初相處都很美好，直到他快退伍前，我們又漸漸因為一些小事情開始吵架，他又決定要分開了。

但，這對我來說真的是種傷害，我認為我陪他度過了他人生中很重要的階段，沒想到他卻因為我和他對未來理念的不同，以及個性依舊不合而再次分手。如果他認為我們之間不會有結果，那他就不應該回來打擾我的生活，不是嗎？

一

回

妳說妳陪他度過他人生中很重要的階段，但不管是誰的重要階段，對戀人來說都是很好一起奮鬥的任務，過程很有感覺，雙方攜手共同面對困難的感覺是很棒的，而且兩人都受惠，妳不該覺得是妳自己吃虧。

事實是妳的收穫比他還多，因為愛的付出較多的人，收穫一定比較多，付出少的人連嘗到的味道都淡很多。

分手不管在任何階段分都是合理的，別以為他利用完妳了就要甩掉妳，真要是這種人，妳能離開他才是妳的福氣，妳怎麼敢讓這種男人當妳以後孩子的爸爸，會不會太沒品了？

但若不是呢？妳自己都說你們個性不合時常爭吵，這還不嚴重嗎？

他會回來找妳是想要給彼此一次機會試看看，不希望妳怨他，妳怨了不但挽不回他，還會讓妳浪費一段不算短的時間去糾纏他，越責怪越會不甘心放手。如此輪迴，浪費生命又失格失態。

請調整對自己比較有利的心態，妳可以在心裡繼續愛他，保持一點禮貌的關係。分手時讓他感到驚艷的方法就是溫柔微笑的道別，告訴他：彼此一起努力去

找志同道合的那個人。

越要在分手時要合理理由的人越沒誠意分手，只是在找麻煩，這是最笨的、最傷的態度，分手就是分手，沒這個瀟灑和認知，妳就會分得很難受。

明天給他抱抱，放他走吧！妳這溫柔一放，他會一輩子把妳放在心頭，想一想都會暖起來的人，這才是愛情。

二十年換來一無所有？

—

問

　　這是一段等待長達二十年的故事。

　　我和我先生有兩個兒子，他長期在大陸工作，我必須在臺灣照顧一家大大小小，公公很疼愛我，婆婆也許是只有一個兒子的關係，她始終要我把先生的外遇當作逢場作戲。

　　其實一段不被看好的婚姻，一路走過來真的很累、很痛苦，長期支撐著經濟的壓力，也找不到一個肩膀可以依靠，我很清楚自己生病了，無法再繼續下去了，但愛上一個人很容易，習慣了卻很難放手。

　　十八歲那年他跟我的好友上床，因為他的細心呵護，我沒聽家人的話離開他，選擇回到他身邊。一直到我們結婚後、有了第一個孩子時，他又外遇了，手機經常轉入語音信箱，每次孩子身體有狀況，我也只能半夜帶著孩子往醫院跑，甚至流產了也是一個人在醫院面對一切。

　　從四年前開始，他就不讓我進去我們的房間，後來

婆婆把房子賣掉了，我是最後一個知道的人。直到今
年，他帶女人到他們買的新房子去，孩子看到那女人
從房間走出來，他對孩子說那是同事，婆婆跟他的姐
姐還和她一起用餐，從那之後他就開始威脅我離婚。

因為兒子念書的關係，我必須留在臺北陪兒子讀書
也方便上班，卻被說成我外遇不回家的離婚藉口，監
護權也被奪走，到昨天我才知道，連我退稅的錢都被
他偷偷拿走。現在我澈底清醒了，原來我是一個被利
用了二十年的笨蛋。

一

回

沒有這一連串的現實打擊，妳可能還離不開這段很
少好過的婚姻。

或許妳可以想想，妳和先生跟大多數走進婚姻的人
一樣，都是為了自己的欲望在焦慮、在執著，即使長
久沒跟另一半相處了也不肯放棄，這就代表這樁婚姻
裡妳最在乎的可能不是妳的先生。妳在乎的，可能是
這個制度帶來的磨練；妳努力的，可能是這份執著帶
來的榮耀；妳得到的，可能是破解需要肩膀的迷失。

在任何小說裡，每個角色都是有功能性的：對手教

妳堅強，情人教妳不要依賴，孩子教妳負責，寵物教妳陪伴。妳若找不到這樣的解碼，妳就會用已經老化的標準在衡量妳的人生。那種標準的特色就是破壞妳的自信，當別人犯錯，卻變成妳的痛苦。

這說明的是妳在寵在乎的人，先生外遇或婆婆偏袒，為何結論是妳受傷且無力反抗？因為妳只想用委屈來求全，而這個全是很表面的，像謊言一樣表面。都委屈了，愛還能像樣嗎？生活還會有尊嚴嗎？妳的盼望還能有轉機嗎？當然不會有。

妳最糟糕的是，妳竟把妳的成長都視如糞土。妳為了保護孩子而撐起的獨立，妳為了他而照顧他雙親的慈悲，妳為了拯救自己寫信到我這裡，這一切輝煌的成果才是真的勝利。如果妳想要的是最後勝利，妳的先生只是磨練妳這一切苦難的導師，妳通過考驗了，該給自己鼓掌。

房子雖然賣了，名譽也被汙衊了，他的家人用這種方式逼妳離開這個鬼地方是個幸運，這二十年的奮鬥不會是白混的，老天將給妳一份能力再撐起一片天，他們偷走妳的錢也同時會失去妳的照顧，怎麼算都是他們比較損失。

至於那個只會帶給女人不幸的先生，有人接棒，妳可以的話，就給她同情，然後瀟灑的開心離開。

只差一步的未來

——

問

　　最近和交往三年女友分手了，是我提出的，因為她劈腿了。過去我們一起想像的未來，我是如此努力的去實現它，只就差一點就能完成。

　　我現在真的好痛苦……我到底該怎麼做呢？該怎麼治療和處理失戀後的自己？

一

回

　實現，也許只是一個起點，不是終點，所以沒有從此過著幸福的日子這種事。

　如果每段感情都是一個願望，就有可能實現或不實現。不實現的那條路，不是絕路，而是告訴你這是一趟意外的旅途，你要好好觀察、好好省思，她也許就是那個比較適合遠遠的欣賞的人。

　現在你要做的，就是放下她、重新定位她，她是個前女友。

　失戀後的痛苦一如宿醉，都是你喝掛的結果，都是太勉強緣分的後遺症，只要勇敢的承受，這份勇敢就能讓你因為不埋怨她，而找到新生的自己。

兩年見不到面

一

問

　　男朋友即將出國，兩年內都不會回來，我們能相處的時間剩下不到十天，他說會把最後兩天留給我，但其他時間必須留給他的哥兒們，也不願意我一起同行，如果我覺得委屈，他就會對我兇、對我吼，因此我做決定大多都是以他的意思為主。

　　但是他卻又說，之後不希望我再這麼做了，他這樣說是什麼意思？我又該如何做，才能讓我們繼續好好維持下去，也找到彼此都想要的對待方式呢？

一

回

　　回妳這封信時，相信妳的男友已經出國了，相信妳也開始面對妳的失落了。是的，他就這樣走了，開始他充滿期待的新生活了，在新鮮的地方可能會碰見許多新鮮的人，尤其他還那麼年輕的年紀。

　其實妳也該有這樣的心態，讓自己的每一天都有新鮮的氣氛，否則妳就會遁入老年人的狀態，抓著妳對他的慣性依賴過生活。難道這麼年輕妳就想在一段感情裡定居下來嗎？這是妳對愛情的態度嗎？只管永遠擁有，不管擁有了什麼。

　他能在分開的時候跟妳說清楚講明白，是很棒的情人，但已經結束了，這樣的結束其實是一種美好，好在他有勇氣告訴妳他會怎麼做。而妳準備好了嗎？

　如果妳要像許多放不下的女孩那樣的想盡辦法挽回或持續下去，那妳就可能往另一條路走，那條路會充滿寂寞與悲傷，那條路會把他對妳的最後的情面都撕毀，那條路的盡頭將沒有他也沒有妳自己。

　你們需要多談幾次戀愛，妳真正需要學習及努力的是對愛情的態度，愛情不是拿來擔心的、不是拿來計較的、不是拿來猜疑的、不是拿來等的。

　愛情是妳的功課，請讀懂妳的欲望，沒有誰能被誰擁有，婚姻或感情的身分都只是測驗題，測驗妳會不會仗勢欺人，測驗妳有沒有把擁有當財產。當妳物化了妳的幸福，妳就會因為分離而害怕，完全忘了，幸福是用感受呼吸的，不是用恐懼去捕捉的。

所謂存在的意義？

―――

問

假如一個人沒有朋友，沒有任何說話的對象，交際圈是零，也沒有家人，又因為疾病纏身無法工作、無法過正常人的生活。這樣一個對社會不能再有任何貢獻的人，您會給她什麼樣的建議或看法？

坦白說，她罹患躁鬱症很多年了，最近常常搥打自己發洩難以控制的情緒，也有輕生的念頭。她有看醫生吃藥，但效果不大。

―

回

釋迦牟尼也許最適合回答妳。

沒有朋友的對話、沒有工作、遠離家族，看似一無所有，但卻是擁有自己的開始。妳以前認定的世界跟大多數人一樣，都是為別人的期待忙忙碌碌，壓力過大也沒理智放下，遇到愛的人就無止境的貪求，以為

工作是有用的證明，但多少以上都做到的人都是社會的害蟲。

　妳所謂的正常人的生活大都不快樂，妳知道嗎？因為走上正常之路的人生都超累、超病態，把所有人都綁在一起想成是負責任、感情好，把不管怎麼樣都要硬扛的堅持解釋成有奉獻。

　妳目前是很棒的狀態，一如新生兒，能把親朋都刷新是很珍貴的重生，妳對社會最好的存在意義就是活著，證明妳可以不帶給別人任何負擔的活著，像一棵樹，像釋迦牟尼。

死心只需一句話？

一

問

　　我為了他離婚，做了他的小三，最近因為工作上的問題，我們已經兩個星期沒對話了。

　　我常常跟自己說：算了，別破壞他的家庭，也許這樣對他才是好的。但我心裡還是有著遺憾和難過。每天我都在說服自己，他好就好了，至少他還擁有他的家庭，只要他能快樂就好了。

　　我不是放不下，只是沒有一個出口，能讓我自己想得更開一點。

　　老師，您能給我一句話嗎？讓我完全可以死心，讓我知道我的問題是什麼，點破我。

一

回

　他的任務也許只到讓妳恢復單身為止，剩下的要靠
妳獨自奮鬥。

　不要用另一個新的依賴去取代沒依賴味的舊依賴，
問題不在新舊，是依賴而不是愛，先學習晴朗的獨立
吧！

忘記一個人好難？

——

問

最近剛結束一段感情，一年多的感情，時間說長不長、說短不短，還是會不免一直想到他。

我覺得這樣的自己很糟，每次都跟自己說好這是最後一次，但仍然會不爭氣的想起。我很想加速前進、快點走過，可是復原這條路好漫長，有沒有什麼方法可以快點忘記一些不愉快的人、事、物？

——

回

沒有方法，只有接受，學著從這次的經歷看待自己的收穫與學習，不要用得失心來結語。

只是想他，有什麼關係，是妳總是想著想著就好的壞的胡思亂想。

愛上一個人，不容易；放掉一個人，也一樣不容易；不清澈、不甘心，就更不容易。

https://goo.gl/cPzLar

許常德作品集 005

放下之書

作　　　　者 — 許常德
主　　　　編 — 陳信宏
責 任 編 輯 — 施怡年
內 文 整 理 — 周仁杰
責 任 企 畫 — 曾俊凱
美 術 設 計 — FE 設計 葉馥儀

總　編　輯 — 李采洪
董　事　長 — 趙政岷
出　版　者 — 時報文化出版企業股份有限公司
　　　　　　108019　臺北市和平西路 3 段 240 號 3 樓
　　　　　　發 行 專 線 —（02）2306-6842
　　　　　　讀者服務專線 —（0800）231705・（02）2304-7103
　　　　　　讀者服務傳真 —（02）23046858
　　　　　　郵撥 — 19344724　時報文化出版公司
　　　　　　信箱 — 10899 臺北華江橋郵局第 99 信箱
時 報 悅 讀 網 — http://www.readingtimes.com.tw
電子郵件信箱 — newlife@readingtimes.com.tw
時報出版愛讀者粉絲團 — http://www.facebook.com/readingtimes.2
法 律 顧 問 — 理律法律事務所 陳長文律師、李念祖律師
印　　　　刷 — 盈昌印刷有限公司
初 版 一 刷 — 2017 年 4 月 21 日
初 版 四 刷 — 2020 年 12 月 25 日
定　　　　價 — 新台幣 300 元
（缺頁或破損的書，請寄回更換）

時報文化出版公司成立於一九七五年。
一九九九年股票上櫃公開發行；二○○八年脫離中時集團非屬旺中，
以「尊重智慧與創意的文化事業」為信念。

放下之書 / 許常德著 . -- 初版 . -- 臺北市：
時報文化 , 2017.04
　　面；　公分 . -- (許常德作品集；5)

ISBN 978-957-13-6979-2(平裝)

1. 戀愛 2. 兩性關係

544.37　　　　　　　　　　106004785

ISBN　978-957-13-6979-2
Printed in Taiwan